眠れなくなるほど面白い 図解 経済の話

趣解经济学

[日] 神树兵辅 著
经济评论家
王谦 译

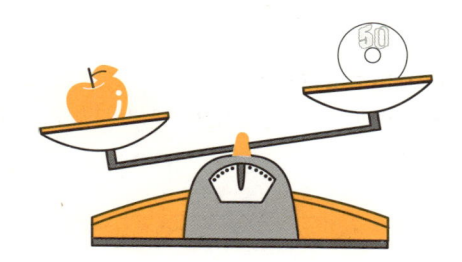

选择稳赚的人生

北京时代华文书局

图书在版编目（CIP）数据

趣解经济学 /（日）神树兵辅著；王谦译. —— 北京：北京时代华文书局，2021.11
ISBN 978-7-5699-4403-7

Ⅰ.①趣⋯ Ⅱ.①神⋯②王⋯ Ⅲ.①经济学—通俗读物 Ⅳ.①F0-49

中国版本图书馆 CIP 数据核字 (2021) 第 184899 号

北京市版权局著作权合同登记号 图字：01-2019-8032

NEMURE NAKU NARU HODO OMOSHIROI ZUKAI KEIZAI NO HANASHI
by Heisuke Kamiki
© Heisuke Kamiki 2018
All rights reserved
Original Japanese edition published by NIHONBUNGEISHA Co., Ltd.
Chinese (in simplified characters only) translation rights arranged with NIHONBUNGEISHA Co., Ltd.
through Digital Catapult Inc., Tokyo.

趣解经济学
QUJIE JINGJIXUE

主　　编	[日] 神树兵辅
译　　者	王谦
出版人	陈涛
策划编辑	高磊　邢楠
责任编辑	邢楠
执行编辑	苗馨元
责任校对	刘晶晶
装帧设计	孙丽莉　段文辉
责任印制	訾敬

出版发行 | 北京时代华文书局 http://www.bjsdsj.com.cn
　　　　　北京市东城区安定门外大街 138 号皇城国际大厦 A 座 8 楼
　　　　　邮编：100011　电话：010-64267955　64267677

印　　刷 | 河北京平诚乾印刷有限公司　010-60247905
　　　　　（如发现印装质量问题，请与印刷厂联系调换）

开　　本	880mm×1230mm　1/32	印　张	6	字　数	131 千字
版　　次	2021 年 11 月第 1 版	印　次	2021 年 11 月第 1 次印刷		
书　　号	ISBN 978-7-5699-4403-7				
定　　价	39.80 元				

版权所有，侵权必究

自序

在日常生活中加入"经济"的视点，一起度过精彩人生！

我们生活在一个名为"经济"的大框架里。

但是，平常的我们对此几乎没有意识。

只是在不知不觉中，反复游走在"经济"的洪流之中。

"经济"和"金钱"有着不可分割的密切关系。因此，经济学与我们的日常生活密切相关。

买吃的、买衣服、在饭店请客吃饭、每月还房贷、进行股票投资、借钱给朋友、去海外旅行、通过社交网络联系朋友、在二手手机软件上出售自己读完的书、税金和社会保险从工资中扣除……所有这样的日常生活无一不是被"经济"这一概念润色过的行为。

并且，在很多情况下，我们不能说我们的行为一定就是合理的。

往往有时候会在不知不觉中做出不合理的选择，然后做出了让自己吃亏的行动。甚至有可能会招致人生的重大危机。

为什么会陷入这样的困境呢？

究其根本，或是由于完全没有意识到"经济"的原理和机制，或是由于知识和经验的不足导致的"不知道"。

本书则主要是为了避免做出这种"不合理的选择"，着眼于在日常生活中通俗易懂、富有趣味以及方便应用的"经济"。

也希望可以帮助大家顿悟"经济"，采取明智行动。

本书以社会的结构、赚钱的策略、不可思议的经济悖论、日常生活中的消费小技巧等为切入点，逐步扩大您的视野。

本不应该是这样的——所谓这样的失败，今后应该能够避免。

我相信，每一页都能让您信服，"原来是这样啊"。

如果通过本书您能获得一个更加有利的人生，作为作者那将是我至上的喜悦。

接下来，从您喜欢的任何一页开始都可以，翻开本书，开始阅读吧。

神树兵辅

目录

第 1 章 行为：巧妙地操纵着人类心理的经济学

1. 行为经济学阐明了人类的非理性行为 ●3
2. 行为经济学中备受瞩目的"助推理论" ●6
3. 因信息而变化的人类心理 ●9
4. 影响消费行为的启动效应（Priming Effect） ●12
5. 改变消费行为的BGM效应 ●15
6. 奥特莱斯大卖场的智慧之举 ●18
7. 色彩对人类的影响力 ●21
8. 成本低廉的化妆品可以高价销售的秘密 ●24
9. 不可思议的房地产公司，鲜有客户却不会倒闭 ●27

忍不住想要分享的关于经济的玄机①
为什么即使损失惨重也仍然有人愿意大量购买彩票呢？ ●30

小专栏① 冷冻食品在特定日期进行半价促销的理由 ●33

第2章 成本：通过成本来理解经济的构造

1. 成本率超过四成也不会出现赤字的原理 ● 37
2. 10日元就能买到一瓶清凉饮料背后的原理 ● 40
3. 立食荞麦面店的荞麦面为什么便宜？● 43
4. 代金券店的利润如何 ● 46
5. 需要100人以上客户的洗衣连锁店行业 ● 49
6. 虽然市场规模在扩大，但收益规模在缩小的殡葬服务行业 ● 52
7. 手机话费为什么会那么高 ● 55
8. "立饮屋"是怎么赚钱的 ● 58
9. 男士西服第二件1000日元的促销对店铺更有益 ● 61
10. 利用廉价航空的优点和缺点 ● 64

忍不住想要分享的关于经济的玄机②
很多拉面店所用的汤是速溶汤——这就是现实 ● 67

小专栏2 畅吃畅饮的自助餐店是如何盈利的？● 70

第3章 生活：与日常生活息息相关的经济的构造

1. 为60岁以后的"5年养老金空白期"做准备 ● 73
2. 购房和租房哪个更有利？● 76
3. "人寿保险"的必要性到底有多大？● 79
4. 城市生活中"拥有私家车"是一种莫大的浪费吗？● 82
5. 考虑到未来的养老金，美国零息债券颇具吸引力 ● 85
6. 靠"35年房租保证"来经营安心公寓的愚蠢行为 ● 88

7 反向抵押能让你安心养老吗？ ●91

8 即使需要介护也无法进入养老院的现状 ●94

9 "教育费"的过度支出，容易造成晚年贫困 ●97

10 不可思议的是"高收入=幸福"的等式并不总是成立的 ●100

忍不住想要分享的关于经济的玄机③
如何成为一个不需要交税的上班族 ●103

小专栏③ 外表的"好坏"影响人一生的收入 ●106

第④章 疑问：说不出口的经济疑问大解答

1 为什么特朗普总统要发动贸易战争？ ●109

2 为什么积分卡会得到普及？ ●112

3 为什么生活保障金的支付总额会持续上升？ ●115

4 为什么房租年入7000万日元的房东反而很危险？ ●118

5 为什么日本警惕日元升值，欢迎日元贬值？ ●121

6 为什么日本的GDP停滞不前？ ●124

7 三大银行的体制缘何产生？ ●127

8 为什么会发生通货膨胀和通货紧缩？ ●130

9 为什么日本的债务越来越多？ ●133

10 为什么开始施行个人号码制度？ ●136

忍不住想要分享的关于经济的玄机④
为什么明显空置的破旧公寓没有被拆毁而被允许存在呢？ ●139

小专栏④ 可以助你一臂之力的"72法则" ●142

第 ❺ 章 问题点：日本所面临的经济危机

❶ 日本贫富差距的现状及其问题点 ●145

❷ 少子高龄化的日本所面临的问题是什么？ ●148

❸ 老龄化社会中需要关注的问题"老后破产" ●151

❹ 安倍经济学有多成功？ ●154

❺ 为什么消费税率会不停地上涨？ ●157

❻ "核电站事故"带来的致命威胁是什么？ ●160

❼ "工作方式改革"的内容和问题点 ●163

❽ 日本的失业率及其反映出的内容是什么？ ●166

❾ 为什么说日本的政治是怠慢及愚蠢的呢？ ●169

❿ 奥运会之后，日本经济将何去何从？ ●172

忍不住想要分享的关于经济的玄机⑤
非营利组织法人却可以赚钱吗？ ●175

小专栏⑤ 商品价格决定的玄机 ●178

后记：带着"再也不会被骗了"的信念去行动 ●179

第1章 巧妙地操纵着人类心理的经济学 行为

1 行为经济学阐明了人类的非理性行为

　　传统的经济学是以人始终会进行合理行为为前提而建立的模型，但在实际生活中人的行为未必都是合理的。行为经济学便是一门着眼于此的经济学。

　　正由于其着眼点的特殊性，行为经济学当中也有心理学知识的应用。于2002年获得诺贝尔经济学奖并且一举成名的行为经济学家丹尼尔·卡内曼（Daniel Kahneman）所提出的不确定性下的决策模式——预期理论（Prospect Theory）就非常有名。所谓"不确定性"，指的是下文中所提到的这些不确定性。

　　举个例子，人们在购买股票后，如果股价按其预期上涨，则人们会因为想要确保获利而选择尽快卖出。但如果与预期相反，股票价格下跌，以至于低于了当初的购买价，则人们很容易寄希望于价格的再次上涨。于是在这样的心理预期模式下，很多时候人们会错失卖出的机会，然后在犹豫不决中损失就会不断扩大。这是因为，相比"财富"这种东西本身，"财富的变化量"会使人的心情发生变化。

以下两种选择也是如此。

●A无条件获得100万日元。

●B抛硬币，如果正面朝上，则可获得200万日元；但如果背面朝上，则毫无所得。

那么在这种情况下，估计谁都会选择A吧。

但是，如果进行选择的主体是负债200万日元的人，那么在下面的选项中负债人往往会倾向于做出不同的选择。

●A将100万日元的负债一笔勾销。

●B抛硬币，如果正面朝上，则负债将全部清零；但如果背面朝上，则负债保持原数不变。

在这种情况下，选择B的人会压倒性地占到绝大多数。

人在面对眼前可以看见的利益时会优先选择回避损失，但如果损失已经发生，那么会更倾向于试图去回避已经发生的损失本身。

预期理论的实际案例

预期理论也被称为"规避损失的法则"。人们会尽量想要得到眼前的利益,但是如果已经有损失发生,则会为了规避该损失发生而选择去尝试冒险。

赌博的例子

如果在赌博中不停地输,那么会想要用一个更大的赌注来挽回自己已经输掉的那部分。其结果便是将血本无归的可能性变得更大。

"仅限今天!"的例子

当被告知"仅限今天可享受30%的折扣",那么人会想要抓住眼前利益的欲望所刺激,在不知不觉中购买许多其实并不需要的东西。

赤字业务的例子

尽管应该从已经有赤字的业务中及时抽身,但出于对曾经不断追加进去的投资的不甘心,人会寄希望于该项业务有可能实现盈利,最终无法果断地终止该项业务。

保证退款的例子

一旦听到类似"如果不满意可以保证全额退款!"这样的话,人就会放松警惕,无意识地去购买许多明明不需要的多余的东西。

缺点的例子

相比强调优点,在强调缺点的时候,人想要规避损失的心理更容易被刺激到,然后会在不经意间做出购买行为。

行为经济学便是从这个角度来阐明人类的行为!

人们并不一定总能做出冷静且理性的判断

经济小常识

行为经济学的发展要归功于两位犹太人心理学家,阿莫斯·特沃斯基(Amos Tversky)和丹尼尔·卡内曼(Daniel Kahneman),正是他们道出了"人们的行为决策的本源,是为了最大限度地减少后悔"。

2 行为经济学中备受瞩目的"助推理论"

2017年获得备受瞩目的诺贝尔经济学奖的是芝加哥大学行为经济学家理查德·塞勒（Richard H. Thaler）教授，他研究出了一种"助推理论"（Nudge Theroy）。英文原词"nudge"是"用胳膊肘轻轻推一下"的意思。塞勒教授用实证研究证明，比起通过制订规范或者实施惩罚等来驱使人们做出决策，"助推理论"可以更简单地诱导人们的行为。

行为经济学重视的是经验直觉以及偏见对认知的影响，而"助推理论"的不同点在于，可以在人们完全没有意识到的情况下将其行为改变。

例如，寿司店的寿司菜单中，一份松套餐[1]价格是2000日元，一份竹套餐价格是1500日元，一份梅套餐价格是1000日元。在这样

---

[1] 译者注：在日本的寿司店，"松""竹""梅"被作为三个不同级别来区分寿司的套餐种类，通常"松"是上等套餐，之后依次为"竹"和"梅"。也有用植物的名字来命名套餐使其更具美感的说法。

的价格设定下，众所周知，居于中间价位的1500日元的竹套餐会最畅销。因为考虑到松套餐有点小奢侈，人们会由于担心实际口感达不到预期值而对其敬而远之，但选择梅套餐感觉又有些过于便宜，所以结果就是人们会选择居于中间价位的竹套餐。这就是助推理论的"框架效应"（Framing Effect）。

在荷兰阿姆斯特丹的史基浦机场，洗手间的小便器内侧绘制有苍蝇图案，该图案的存在使得史基浦机场的清扫费用削减了8成。我们人类具有一种一旦发现目标就会想要将其命中的心理特征。史基浦机场洗手间小便器内侧的苍蝇图案便是该种心理应用的例子。在助推理论中，选择的构造机制在发挥着作用。比如在英国，当居民申请驾照时，会看到两个选项，"您要成为脏器的提供者吗？""不要吗？"面对这样的选项设定，实际情况是很少会有人直接选择"要"。但如果将前提设定为"要成为脏器提供者"，备选项设定为仅有"不"的选项，并且规定仅限于选择了"不"的情况下才意味着"不要成为脏器提供者"，那么在这种前提设置下，将会显而易见地导致"要成为脏器提供者"人数的结果激增。

也就是说，如果想要改变很多人的行为，即便不阐述其好处或者优点，只要将思考的框架稍稍改变一下，应用助推理论就可以实现目的。

路边常见的"助推理论"的成功案例

不是通过限制或惩罚等来推动人的意志决定,而是通过简单地诱导人的心理做出行动。这便是"助推理论",其特征是人在不知不觉中就会做出行动。

促进排队的例子
门口经常排长队的店铺,为了不给临近的其他店铺造成困扰,会在地上标明排队的位置,以促成客人排成整齐的队列。

小便器的例子
通过洗手间标识传达感谢的话语"感谢您一直以来保持厕所的清洁干净",来诱导人们保持厕所清洁。

餐厅菜单设计的例子
在菜单中的某些菜品或饮料旁边加上"店长推荐!""最受欢迎!"等标志,可以达到促成客人下单的效果。

保护地球的例子
"为了保护地球环境,不需要更换床单的客人,请您将此卡片放在床上"的环保卡片的设置。

废弃自行车[1]对策的例子
在被废弃自行车所困扰的地方立一块牌子,写上"这里是丢弃不需要的自行车的地方,请大家自由取走"的牌子,如此一来困扰便可解除。

稍微花点心思就可以实现诱导人们的行为!

经济小常识

助推理论是行为经济学的实践版。在助推理论中,由于有更多选择的余地留给人们,所以人的行为是自发进行选择的结果,并且也不会感到有压力。比如收银台前的地板上如果印有脚印标志的话,人们就会自然地按照脚印进行排队。

---

[1] 译者注:废弃自行车在日本国内已经是一个社会性问题,指的是停放在自行车停车场等被许可的地方以外的、找不到主人的自行车,通常车站和购物街等地方更容易出现废弃自行车问题。

3 因信息而变化的人类心理

信息，有积极的内容和消极的内容。两者都会影响人的心理行为。

如果你向肥胖人群推荐减肥食品，与其说"吃这个膳食营养辅助食品会变瘦哦"，不如说"如果不吃这个膳食营养辅助食品的话很容易噌噌噌地变胖哦"，相比而言，后者的说法会给人留下蒙受损失的深刻印象。这也是基于改变思维框架而产生的"框架效应"。比如，如果说"这个手术的成功率是90%"，那么大部分人应该会考虑接受该手术；但如果说"这个手术的死亡率是10%"，人们就会感知到危险，同时不安就会随之增加，然后就会犹豫是否要接受手术。正如行为心理学所教给我们的那样，如果强调损失，则人类会倾向于选择回避损失。

像这样通过煽动不安和恐惧情绪以推动对方进行行动的行为，也被称为"恐惧诉求"（Fear Appeal）。

同时心理学也证明，相比积极的信息，消极的信息更容易达到促进行动的效果。但是，"恐惧诉求"绝不可以过度使用。如果过度煽动不安和恐惧，非但达不到改变思维框架的效果，反而会让对方产生不快，甚至有可能会引发抗拒反应。

"你，如果违背我的命令，那请随时卷铺盖走人！"话如果这样说，就容易引发一场职场滥用职权的风波，给双方造成困扰。"我觉得是不是会有更能让你施展才华的地方"，相比而言，类似这样的稍微留一些余地的话效果会比较好。抽象的表达方式在给对方想象空间的同时，也会给对方同等分量的不安。所以，最好不要用抽象的表达方式来结尾，应该用相对积极的信息来做出总结。"这也是因为，我对你天生的睿智和敏捷的行动力非常期待。所以这里就靠你了。"这样的话语是非常重要的，同时后续的对对方的辅助支持也同样不可缺少。

所谓的"框架效应"就是改变"思维的框架"

其实即使是消极信息也可以通过变换说法来说服对方!

负面消极	正面积极
这个手术的死亡率是10%	这个手术的成功率是90%
牛磺酸含量仅有1g	含有1000mg牛磺酸!
这款能让你保持健康的净水器是3万日元	这是一款3年分期付款,1天仅需28日元就能让你保持健康的净水器
日本每130人中有1人购买	爱好者已经突破100万人!
这个彩票的中奖概率是十万分之一	通过购买这个彩票而中奖100万日元以上的有5千人
仅中国人口就有十四亿	如果全世界是一个有100人的村子,那么中国人在其中占2成
已经四十岁了吗?	才40岁啊?
现场好嘈杂啊	真是一个充满活力的现场啊
那个人可真胖	那个人看上去挺庄重威严的
他是个优柔寡断的人	他是个心思缜密考虑周全的人
真是又冷酷又无情啊	真是庄严而又犀利啊
这个作品太拙劣了	真是一部与众不同的作品啊

失败的时候请不要沮丧。因为那不是失败,而是新发现了一种不能让事情顺利进展的方法。

经济小常识

如果看到书的腰封上写着诸如"突破10万册!"等这样的话语,你会在不知不觉中就将书拿到手上翻看。因为这本书有很多人购买的这一信息能够向你传达一种社会性证明的信号,会让你觉得很放心。同样诸如"人气前三名"等也是相似的效果。

4 影响消费行为的启动效应（Priming Effect）

"priming"是一个意为点火药、起爆剂、引水[1]等意思的单词，是行为经济学中研究关于市场营销的时候会出现的词汇之一。

比如说，当看了几张可以让人联想到炎炎酷暑的照片之后，你会突然产生想吃西瓜、冰棍或者刨冰的想法，这样的经历你应该有过。

或者，当看了交通事故惨象的视频影像之后，你开车会变得慎重，这样的感受你也应该有过。

这表示，在无意识中，先行的刺激（primer）处理会对后续的刺激（target）处理产生影响，产生或促进或抑制的作用。

人们往往认为依靠自己过去丰富的经验，可以对事物进行冷静

---

[1] 译者注：当用泵抽水或者泵不出水时，为了引导水自动流出而从外部引入的并使其充满泵筒内的水被称为引水。

的判断，但实际上，像下面所说的这样，之前所看到的东西或者经历过的事情，往往会影响到随后的行动。

一到寒冷的冬季，电视上就会频繁地播放即食面和桶装方便面的广告。这样做的意图是让人们产生一种"去超市或便利店购物的时候，我们顺便也买点那个吧"的想法。

人会在无意识中被电视广告、不同时点的风景、杂志或网络上看到的报道、触感或香味等所打动。

始于1931年的美国可口可乐的圣诞广告，被称为市场营销的一个成功案例。大大的身体，穿着鲜艳的红衣服，留着白胡子，这个开朗快乐的圣诞老人的形象，就来源于该广告。

其实在那之前，圣诞老人的形象在全世界各地是不尽相同的。这位可口可乐公司的圣诞老人津津有味地喝着可乐的样子传到全世界的同时，也通过这个广告从全世界赢得了可口可乐的销售额。

让我们来有效利用启动效应吧！

这就是启动效应

先行刺激（primer） —影响→ 后续刺激（target）

促进效果

看到大量吃蔬菜会对健康有益的新闻！ → 午饭吃什么好呢？对了，那就吃个炒蔬菜套餐吧！

抑制效果

目击了疾步从车站楼梯下楼的人摔倒受伤的场面！ → 不知从什么时候开始，发现自己走路变得缓慢而且小心翼翼的！

人类大脑会很大程度地受到之前所看到或所听到东西的影响，并在不知不觉中付诸行动！

经济小常识

有一个经常在孩子们之间玩耍的游戏，名为"试着说10次比萨、比萨"，让对方连续说"比萨、比萨、比萨……"，然后指着胳膊肘问对方"这里是什么？"对方会在不知不觉中回答这里是"膝盖"[1]。这也是启动效应的体现。

---

[1] 译者注：日语中"膝盖"的发音为"hiza"，与"比萨"一词（接下页）

5 改变消费行为的BGM效应

在情感营销中，有一个重要的元素是可以刺激人听觉的**BGM**（背景音乐）效应。

对于超市、百货店、餐厅以及娱乐场所等地方来说，**BGM**是必不可少的。因为那是为了促进消费而专门设计出来的。

就具体功效而言，主要有三个。

第一个被称为"遮蔽效应"（Masking Effect）。

"masking"有遮盖、包裹的意思。也就是说具有隐藏其他干扰声音的功效。

比如通过播放**BGM**，可以起到隔断外部噪音的效果。那么由此便可以营造出一个相对独立的环境空间。

另外，在餐厅等地方则需要将厨房烹饪的声音、洗碗的声音

（接上页）在日文中的发音"piza"相近。连续不停地说"piza"的结果就是，当被问到胳膊肘叫什么的时候，会无意中回答一个与"piza"相近的音，即"hiza"，事实上"hiza"指的是膝盖，而胳膊肘是"hiji"。

等消除掉，并且需要让临近座位的客人不太容易听到其他客人交谈的声音。

所以如果是一个完全没有BGM的空间，噪音会产生回音，便无法营造出一个悠闲安静的空间。

第二个是"情景诱导效应"。

通过播放营造高级感以及舒适安逸感的BGM，可以创造出高雅优美的环境氛围。而播放节奏轻快的BGM，则可以获得提高愉悦度和兴奋感的效果。圣诞节和新年等季节感较强的主题的BGM，相对来说，会在一定程度上促进季节性商品的销售。

第三个是"情感诱导效应"。

通过引导客人放松心情，在感受到舒服自在之愉悦的同时，安心感随之而来，从而产生消费欲望。心理学实验表明，慢节奏的BGM可以减缓客人的步伐，延长在店内的停留时间，从而有助于提高销售额。

BGM可以带来的效果

三种效应

遮蔽效应
可以遮蔽噪音和干扰音

情景诱导效应
可以营造出或高山流水或平易近人的氛围

情感诱导效应
通过播放让人平静放松的音乐使客人保持心情愉悦

- 在饮食店播放快节奏的歌曲，翻台率会上升
- 在超市或百货店播放慢节奏歌曲，销售额会提升
- 播放能让人联想到季节感的歌曲，季节性商品销量会变好
- 在柏青哥[1]店播放快节奏的歌曲，销售额会提升
- 在办公室播放令人心情舒畅的歌曲，可以提高工作效率

> BGM真是商家的好帮手！

> 顾客的购买行为，在很大程度上会受到这家店所播放的BGM内容的影响！

生活小便签

您知道莫扎特效应吗？据说莫扎特的乐曲或其他古典音乐，在听者聆听之后的十几分钟之内会持续对其身心产生积极的影响。不过关于该观点的各种实验结果的争论还一直在持续。

---

[1] 译者注：即PACHINKO，是日本的一种弹珠游戏机，又译为"爬金库"，始于1930年。

6 奥特莱斯大卖场的智慧之举

奢侈品有着根深蒂固的粉丝群体。因为拥有高价物品这一行为本身,能够满足人的自我表现欲〔凡勃伦效应(Veblen Effect)〕,并且会让人沉浸在一种自己是与该奢侈品相匹配的心境当中(自我扩张·扩大效应)。这也正是奢侈品看似不合理的昂贵价格背后的真正原因所在。

因此,被视为是对忠实粉丝心理之背叛的大甩卖,是不会在奢侈品品牌的同一个店铺内进行的。否则,奢侈品的品牌地位将会产生动摇。

但是,所谓商品销售本身,一直是尽可能避免机会损失的产生(因为没有库存而没有卖出去),同时又要防止可能会面临生产过剩的危险。

也就是说,比较容易出现产品滞销现象是这个行业本身的业态。

那么如果不能对滞销商品进行甩卖处理,成本将会全部损失。所以奥特莱斯购物中心(Outlet mall)这一充满智慧的销售据点便应运而生。

奥特莱斯购物中心诞生于20世纪80年代的美国。最初是占用工厂的一个角落，将一些有瑕疵的商品等零零散散地进行出售，然后逐步发展为在某些交通不是很方便的地方聚集起一些品牌的店铺。对于顾客来说，如果可以用便宜的价格买到奢侈品，那么即便是交通不便的地方，也会乐意自己开车或者乘坐观光巴士去到比较偏远的购物中心进行购物。

对于顾客来说，奢侈品本来就不是性价比高的商品。

可以这么说的证据是，与奢侈品真货几乎毫无差别的精巧的假货，在市面上以极低的价格流通，并且流通价格都不会超过真品价格的两成。奢侈品高额的定价其实便是"锚定效应"（Anchoring Effect，又被称为沉锚效应），会让人产生购物中心相对便宜的错觉。

所以，制造商在奥特莱斯购物中心即使以打7折到打3折的低价出售，也可以保证实现在不低于成本的范围内获得充分的利润。

奢侈品的附加价值很大！

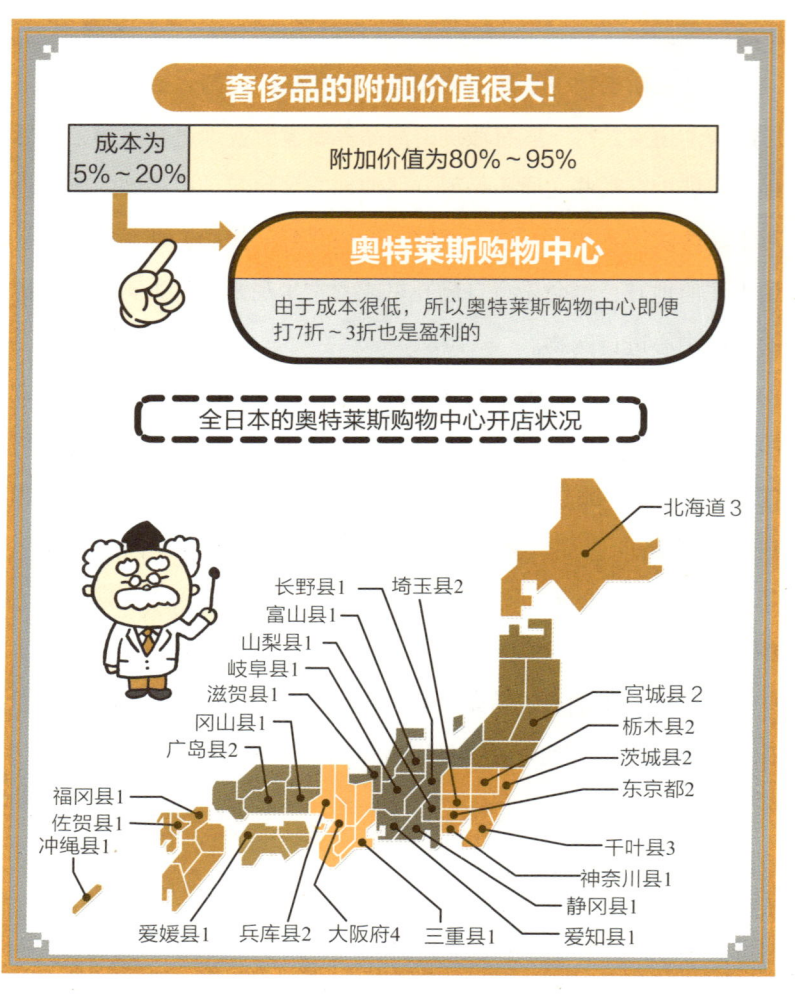

成本为5%~20%	附加价值为80%~95%

奥特莱斯购物中心

由于成本很低，所以奥特莱斯购物中心即便打7折~3折也是盈利的

全日本的奥特莱斯购物中心开店状况

- 北海道 3
- 长野县 1
- 埼玉县 2
- 富山县 1
- 山梨县 1
- 岐阜县 1
- 滋贺县 1
- 冈山县 1
- 广岛县 2
- 宫城县 2
- 栃木县 2
- 茨城县 2
- 东京都 2
- 千叶县 3
- 神奈川县 1
- 静冈县 1
- 爱知县 1
- 福冈县 1
- 佐贺县 1
- 冲绳县 1
- 爱媛县 1
- 兵库县 2
- 大阪府 4
- 三重县 1

经济小常识

于20世纪90年代前半期首次登陆日本的奥特莱斯购物中心，在当时有很多未经使用的二手商品以及瑕疵品销售，颜色和尺寸都零散不全，所以去那里购物可以让人体验到类似于寻宝的感觉。而如今的奥特莱斯购物中心则有很多是奥特莱斯专销商品，相比最初的样子已然发生了很多变化。

7 色彩对人类的影响力

色彩对于人类行为的影响力，不容小觑。

例如，医院的天花板和墙壁通常会使用蓝色或白色等冷色系颜色或者非彩色系颜色，用来表现出清洁感。

在快餐店，为了提升客流率，会经常使用让人感觉停留了很长时间的红色系或者茶色系等暖色系颜色。

另外，颜色也可以让人联想到重量。有一个搬运颜色不同但重量相同的纸箱的实验，纸箱的颜色分别为白色、淡绿色、黑色，实验结果是黑色纸箱让人感觉最重，其体感重量是白色的近两倍；白色的体感重量最轻，淡绿色则居于两者中间，实际体感重量大致接近于白色的体感等级。因此，正由于白色会带来轻快感，运动鞋或者体操服等会经常使用白色。

正如白色的轻快感被用于体操服一样，带颜色的服装效果也同时体现在其他很多方面。比如警察、警卫、葬礼公司的工作人员等的制服均是黑色系的，因为黑色是一种可以给人以权威及严格等印象的颜色。此外，比赛用的制服上如果较多使用黑色系，会增加厚重感，给人一种比实力要更强大的印象。还有，假如企业发生丑闻，在高层向外界道歉的场合中，全体人员都会身着黑色系的暗色西装，那是因为白色系或浅色系西装均无法传递出反省态度的信息。

如果被周围的人认为浮躁，那么身着黑色系的套装应该会表现出稳重感。

色彩，就是这样与形象相互伴随。

此外，红色，单色的红色被认为拥有极其强大的力量。在美国餐厅实验中有一个著名的实验，那便是服务员在穿红色衬衫时得到的小费最多。

红色是通过血的颜色吸引人的眼球，据说无论男性还是女性，红色都拥有将此人极富魅力地呈现出来的强大效果。

也就是说，如果在服装的某个地方加入红色元素，那就会是热情、性感的人气色。

色彩所带来的心理效果

★红色：兴奋、热情、愤怒、欢喜、火焰、太阳、积极性、跃动性
★蓝色：平静、干净、冷静、爽快感、开放感、大海、天空
★黄色：醒目、明朗、豁达、愉快、天真、幼儿性
★绿色：森林、自然、安心、休息、呼吸、新芽
★黑色：稳重、刚毅、不屈、严格、格调、风格、威严
★白色：干净、纯洁、开放感、纯真、雪、云
★粉色：可爱、爱、恋慕心、童心、梦、撒娇

空间效果

•医院
以白色和蓝色为基调，展现出清洁感。

•快餐店
以茶色、重奶油色等暖色系为基调，让人产生长时间停留的错觉，以提高翻台率。

服装效果（制服）

•黑色系
给人以威严和强大的印象
•白色系
给人以清洁感的印象
•黄色系
给人以天真开朗的印象
•粉色系
给人以可爱的印象
•蓝色系
给人以清爽、新鲜感的印象

人类的大脑会在不知不觉中被来自视觉的信息所左右。人的行为与眼前所看到的颜色之间有着很大的关系。

生活小便签

每个人"喜欢的颜色"和"适合的颜色"是不一样的，根据肤色及头发颜色来针对性地选择适合本人的颜色，就是所谓的"个人色彩诊断"。"个人色彩诊断"可以非常方便地用来判断哪些颜色是适合自己的必胜色。

8　成本低廉的化妆品可以高价销售的秘密

2017年化妆品行业的市场规模约为2兆5000亿日元。其中，资生堂（SHISEIDO）、花王（KAO）、高丝（KOSE）、宝丽·奥蜜思（POLA·ORBIS）等4家大公司占据了市场份额的7成，剩余的3成则由中小微等1000多家相互争夺资源的公司组成。

化妆品的成本低廉算是行业的加密常识。因为基础化妆品的原料就是水和油。

除了将水和油混合的合成界面活性剂之外，还有色素、香料、防腐剂，然后是少量的特殊成分。价格高昂的透明质酸（又称玻尿酸）仅1g（1cc）就会拥有4L的保水效果，所以在化妆品成分中其含有量也仅仅是所有成分总量的1%~2%。单价为1g／50日元左右的透明质酸，仅需0.1cc的量就可以充分满足保湿效果，也就是说原材料费用仅需5日元就够了。售价1000日元的化妆品，所含成分的原料费也就仅仅约10日元，相比而言容器费用和包装费用是更贵的。容器与包装的费用要50~100日元。所以化妆品就是这样一种容器和包装费用要比实际产品内容的价格更高的不可思议的商品。彩妆产品也一样，正是因为受其极为低廉成本的吸引，加入该行业的制造商络绎不绝。

化妆品制造商虽说名为制造商，但无工厂化经营（委托外部制造商进行生产）也在不断加速。因为在这个行业中可以接受外包生产业务（原材料制造、乳化、香料、提炼加工、容器、包装制造）的制造商有7000余家。

然而，化妆品行业虽说门槛不高，但竞争极为激烈。大公司已经在不断建立并加固其庞大的销售网，同时化妆品行业已经成熟到可以细化为制度品[1]制造商、访贩品[2]制造商、网购品制造商、一般品[3]制造商，以及专供百元店[4]的百元店品制造商等。可是在提高产品知名度这一项上，却仍然需要不断支出巨额的广告费以及促销费用。所以想要在激烈竞争中生存下去是一件有很大难度的事情。不过，所幸化妆品可以算是一种出售梦想的商品，消费者通常会在使用中产生一种价格越高越有效果的错觉。

---

[1] 译者注：制度品指的是在与资生堂等大型化妆品制造商有签订合约的店里进行销售的化妆品。这类化妆品通常会有来自制造商的美容顾问给顾客进行产品解说以及使用指导，然后再销售给顾客。与一般品相对。
[2] 译者注：意为上门推销的产品。
[3] 译者注：指的是通过一般的批发渠道，在非特定的零售店（与制造商之间无直接合约）进行销售的化妆品，与制度品相对。
[4] 译者注：百元店里的大部分商品为100日元（不含税）的均一价格，类似于中国的2元店。

化妆品行业的结构

市场规模约2兆5000亿日元

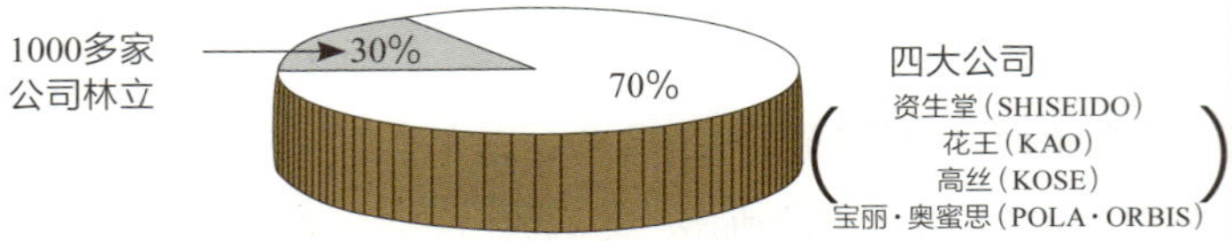

- 1000多家公司林立 → 30%
- 70% 四大公司
  - 资生堂（SHISEIDO）
  - 花王（KAO）
  - 高丝（KOSE）
  - 宝丽·奥蜜思（POLA·ORBIS）

化妆品的原材料极为便宜！

九成是水和油

- 合成界面活性剂
- 色素
- 香料
- 防腐剂
- 特殊成分（一点点）

※化妆品成分的本身价值为5~15日元
※容器费用和包装费用要10~100日元

※产品成本为100日元的化妆品以3000日元销售的话，成本率仅为3.3%，以1万日元销售的话成本率为0.1%

成分内容惊人的便宜！

化妆水	乳液	面霜	口红	粉底
1~2日元	2~3日元	5~20日元	5~10日元	20~30日元

生活小便签

在动物的世界里，雄性的外表通常比雌性的更为华丽，这是为了吸引雌性接近自己。但在人类的世界里，相比男性，女性会更多地通过化妆来修饰自己的外表。

9 不可思议的房地产公司，鲜有客户却不会倒闭

日本的房地产需求呈减少趋势。总务省每5年公布一次的《住宅·土地统计调查》显示，2013年全国总住宅的6063万套当中，820万套是空房（空房率13.5%），并且空房率随着每次调查的进展在不断增加（1963年2.5%，1973年5.5%，1983年8.6%，1993年9.8%，2003年12.2%，2008年13.1%）。

此外，如果只局限于租赁用住宅的话，在2013年的1844万套当中，429万套是空房（空房率达23%）。也就是说4套房子里已经有1套是空房了。

今后，由于人口减少，房屋的租赁需求也会减少，进而房租价格会逐年下降。如此一想，街头的房地产中介公司应该要慌了阵脚吧，可实际上并非如此。没有客人来访的房地产中介公司也仍然在继续营业着。房地产中介公司的主要收入来源于房地产的买卖中介费或租赁中介费。如果是买卖业务，向卖方单向收取房屋价格的3%+6万日元+消费税为手续费。为了确保该单向收取的手续费能落实到位，有些房屋中介会希望和卖方签订专属中介合同，即使有其他中介公司询价该物件，也会以该物件已经在商谈中为由，将物件捂在自己口袋里[1]。虽然这对卖主来说其实是不利的，但由于日本并没有禁止所谓双向买卖中介的交易方式，也确实存在进行此种操作方式的中介公司。

如果是租赁的话，在租约成交的情况下，可以从出租方收取基本为一个月房租的手续费，但类似需要更换钥匙，或者需要加入火灾保险等的费用的情况，即便房东没有提出，这手续费也将会加在初期费用中。另外，还会以广告费的名义不正当地向房东收取1~2个月的房租。

除此之外，对于房屋中介来说最大的甜头便是，即使什么都不做也可以从房东那里"躺收"每月租金的5%~7%作为"管理"业务费。虽然所谓的"管理"只是徒有虚名，实际既不巡视也不清扫的情况有很多，但如果拥有100多套这样的房子的话，那么每个月即使躺着也可以实现进收就丝毫不是问题。

注：本文提到的仅仅为一个例子，并不是指所有的房屋中介公司。

---

[1] 译者注：这样如果有买方想要购买该物件，便只能通过该中介公司购买，由此该房屋中介便可以实现双向收取手续费。

街头的房屋中介"徒有虚名之管理"的实际情况

※每月收取租金的5%～7%作为手续费，将剩余部分汇给房东

93%～95% → 房东

所持有的公寓或楼房

负责"管理"的房地产中介公司
（基本上什么都没做）

※ 只有在入住者提出投诉时进行应对

※ 安排专业人员进行修理，并向房东收取实际费用2～3倍的费用

※ 对于拖欠租金的情况，则会全权交由承租方在入住时所签订合同中的「房租保证公司」负责

如果能囤下很多所谓的"管理"物件，那么一定会稳赚不赔

假设一套房子的平均房租是7万日元

↓ 手续费为租金的5%的情况下（3500日元）

100套	……每月35万日元的收入（年营业额420万日元）
300套	……每月105万日元的收入（年营业额1260万日元）
500套	……每月175万日元的收入（年营业额2100万日元）
1000套	……每月350万日元的收入（年营业额4200万日元）

经济小常识

日本和欧美对住宅价值的评估大有不同。在日本，房龄20年的木造住宅评估价值约为0，但在欧美，超过100年房龄的住宅也仍有旺盛的买卖需求。文化、风土、历史的差异造就了这种不同。

忍不住想要分享的关于经济的玄机①
为什么即使损失惨重也仍然有人愿意大量购买彩票呢？

2017年日本的彩票年度销售额是7866亿日元（比上一年度减少了6.9%），这与曾经达到顶峰的2005年度的1兆1000亿日元相比，减少了近3成。

据说是由于受到了巨无霸彩票（彩票的一种）的销售业绩萎靡的影响，而巨无霸彩票占到彩票整体市场的4成份额。

大概是出于人气逐渐衰落的危机感，一等奖的奖金金额连续不断地上涨，目前年末巨无霸彩票的一等奖以及前后奖合计奖金金额

> 关于彩票奖金分配的整个流程应该做到完全公开透明的呼声很大，但事实上整个流程仍然是不透明的！

已经达到了10亿日元。

这里需要提到的是，彩票是公营收益事业中收益率最低的一种博彩。赛马、赛艇、自行车竞轮赛、摩托车赛的收益率大约有75%，而彩票只有46.8%。民营的柏青哥则达到85%。并且一张300日元的彩票，其一等奖的中奖概率是千万分之一。

"所谓彩票，就是你如果不买的话那就绝对不会中奖"，相信有不少人是被这样的招揽声所吸引，然后进行冲动消费的。但是对于坚持不断地买彩票的人来说，他们只是被以下各种各样的认知偏差所不停地欺骗着。

※感情偏差——也许只有自己可以中奖，这种盲目乐观的想法会让人兴奋。

※确证偏差——相信所谓高额中奖者的7成都是长期购买者的都市传说。

※正常性偏差——每2.4小时就有千万富翁诞生，所以觉得买彩票的行为是正确的。

※损失不安偏差——觉得如果停止购买的话，之前的资金和努力就会白费。

※集团同步性偏差——看到排着队的人们，会觉得自己也有机会。

※正当化偏差——运气好的时候/不好的时候，自己/委托他人购买。

※锚定偏差——既然不那么幸运的人都可以中奖，那么自己也可以中奖。

彩票事业虽然在不断地讴歌着事业本身的自我负责以及对社会

的贡献，但就资金的流向来说，不仅会流入全国自治体中一些无用的公共事业中，而且日本国家总务省所管辖的100个以上的公益法人团体都巧妙地挂在总务省的名下，同时总务省有资历的老一辈们都自上而下地享受着高额俸禄。所以，可以说彩票事业这样的结构构成，已然成为总务省老一辈们的"特权"温床。

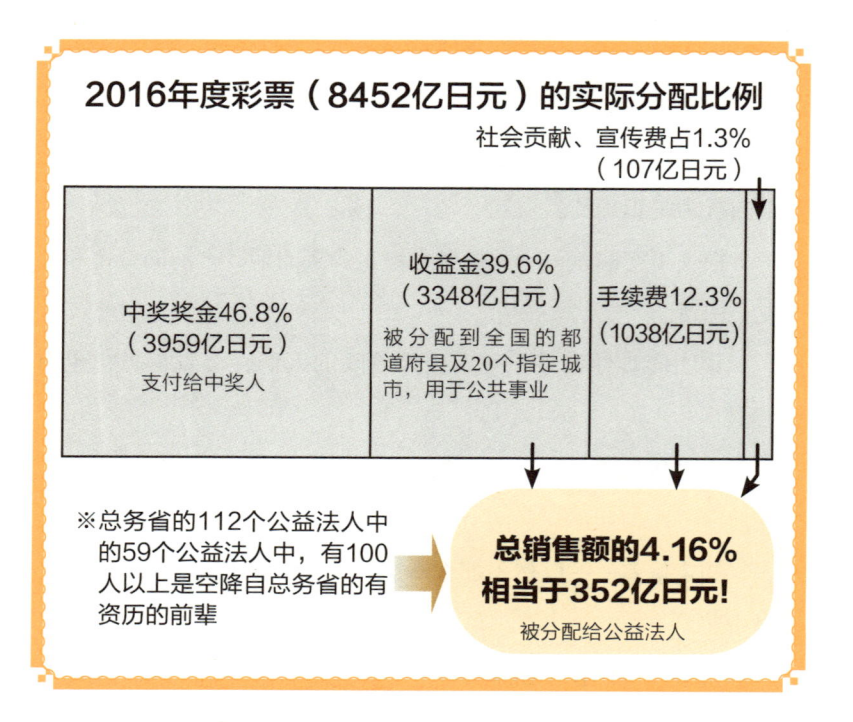

2016年度彩票（8452亿日元）的实际分配比例

社会贡献、宣传费占1.3%
（107亿日元）

| 中奖奖金46.8%（3959亿日元）支付给中奖人 | 收益金39.6%（3348亿日元）被分配到全国的都道府县及20个指定城市，用于公共事业 | 手续费12.3%（1038亿日元） |

※总务省的112个公益法人中的59个公益法人中，有100人以上是空降自总务省的有资历的前辈

→ **总销售额的4.16%相当于352亿日元！**
被分配给公益法人

小专栏 ①

冷冻食品在特定日期进行半价促销[1]的理由

超市的冷冻食品区时不时地会有半价促销活动。你一定会认为这是一次可以进行统一大采购的机会吧。这种半价促销活动，并不是因为商品临近保质期而进行的清库存活动。冷冻食品的半价销售属于"诱饵营销"。将正常销售价格作为"锚（anchor）"展示给顾客，得到的结果会是，顾客看到半价促销时的第一反应为"便宜！"。这就是心理学中的"锚定效应"。为了不与《不当赠品类及不当标识防止法》[2]相抵触，冷冻食品平时会以2倍的价格作为正常销售价格进行售卖。如果事实上存在过以正常销售价格进行销售的期间，那么所谓的半价销售便不是虚假广告。如果从来都没有以正常销售价格售卖过，那么进行"打五折"的活动就是违法的。

---

[1] 译者注：日本的超市经常会有将一周中的某一天定为"冷冻食品半价日"的促销活动。

[2] 译者注：《不当赠品类及不当标识防止法》是日本用以确保公平竞争，保护一般消费者利益的一项法规。

严格说来，在打折销售之前的8周以内如果有一半以上的期间（也就是4周的时间），有过以正常销售价格进行售卖的实际记录的话，那么半价销售也就不属于虚假广告。所以，所谓的冷冻食品半价，也许本来就是原来的建议零售价吧。

总而言之，对于以往的经济学所无法给出合理解释的社会现象，行为经济学可以说是通过深入观察人类行为来将这些社会现象进行阐明的一门学问。

第 2 章 成本
通过成本来理解经济的构造

1 成本率超过四成也不会出现赤字的原理

一般而言，餐饮店的成本率大致在30%以下。因为如果不控制在30%以下，加上人工成本、房租、水电费等费用之后，总数将会超过销售额，出现赤字。但是，有着所谓快餐代名词的汉堡、盖饭、回转寿司等店铺中，招牌菜的成本率几乎都超过了4成。例如，我们来计算汉堡的成本：面包10日元，肉18日元，蔬菜10日元，调味汁7日元，合计45日元，如果以100日元（不含税93日元）销售，估计成本率将是48%。我们再来计算牛肉盖饭的成本：牛肉80日元、洋葱6日元、酱料30日元、米饭40日元，共计156日元，中碗以380日元（不含税352日元）销售的情况下，估计成本率是44%。而回转寿司的成本则更高，海胆85日元，金枪鱼75日元，三文鱼子70日元，海参64日元，三文鱼64日元，鱿鱼54日元，这些均以100日元销售的情况下，其估计成本率即各自成本的数字加上一个百分比符号而已。

这样一算就知道为什么近来100日元的回转寿司店越来越少了吧。在成本率居高不下的情况下，营业利润率就会变低。牛肉盖饭连锁店的利润率几乎都勉强撑在1%左右。可同样的汉堡连锁店和回转寿司店的营业利润率却都超过了5%。

他们的区别在哪里呢？

其实关键差别在于副食种类是否丰富。

牛肉盖饭店的副食菜单并没有做到利润率的高低搭配，所以其利润极其有限。牛肉盖饭店的副食成本率大概是味噌汤15%，猪肉汤20%，蚬贝汤20%，生鸡蛋20%。而与之相反，汉堡店的副食成本率则为饮料2%~5%，薯条10%~12%，炸鸡块9%；回转寿司店的成本率为蛋黄酱拌金枪鱼10%，黄瓜卷10%，鸡蛋20%，虾25%。可进行组合搭配的低成本率的商品越多，在毛利组合战略中就越容易创造出更多的利润。

快餐店的招牌菜品的成本率很高

1个汉堡93日元（不含税价格）

估计成本率 48.3%

成本
- 面包　　10日元
- 肉　　　18日元
- 蔬菜　　10日元
- 调味汁　7日元

共计　45日元

品目	鱼肉汉堡	双层吉士汉堡	鸡肉汉堡	咖啡	可乐	炸薯条
不含税价格	296日元	296日元	296日元	139日元	93日元	250日元
估计成本（成本率）	80日元（27%）	85日元（29%）	82日元（28%）	5日元（3.5%）	3~4日元（3%~4%）	30日元（12%）

牛肉盖饭352日元（不含税价格）

估计成本率 44.3%

成本
- 牛肉　　80日元
- 洋葱　　6日元
- 酱料　　30日元
- 米饭　　40日元

共计　156日元

种类丰富的副食，能降低平均成本率

牛肉盖饭
味噌汤（15%）、猪肉汤（20%）、蚬贝汤（20%）、生鸡蛋（20%），这些菜品多多少少会导致利润的降低

汉堡
饮料菜单的成本率低，所以非常容易产出利润

回转寿司
通过补充成本率低的寿司品目来增加利润

经济小常识

回转寿司连锁店也会使用一些廉价的代替性鱼类来降低成本。比如金枪鱼会由腹翼鲭以及月鱼、鲆鱼由鲽鱼、鲥鱼由银狮鲳、三文鱼由虹鳟鱼、大琥珀鱼由鲯鳅等来代替。

2 10日元就能买到一瓶清凉饮料背后的原理

可乐及果汁等清凉饮料，如果在网上批量购买，价格将是原价的一半左右。

虽说便宜，但是如果大量购买同类饮料，不仅支出会增加，而且所需的存放空间也是另外一个麻烦。虽然也可以选择不买，但有孩子的家庭通常是不会这样做的。因此，如果可以出现一个既方便又能低价购买的方法，那简直是太好了。这个世界上有一种非常便宜的自动售货机，近年来其安装台数有增加的趋势。也就是说，如果可以找到这种自动售货机那就万事大吉了。

不仅是清凉饮料，食品也一定有"保质期"和"消费期限"。比如在超市等地方，临近关门的时间段里，熟食之类的食品一定会有折扣，廉价的清凉饮料也同样是如此。超市和便利店等因为库存管理的缘故，是不会采购保质期不满半年的商品的。于是，专门从事廉价自动售货机的低价销售商（销售公司）就登场了。这类经销商只贩卖保质期不满半年的商品。

通常情况下，通过一般的自动售货机销售的一瓶清凉饮料价格是120~160日元，但对于保质期不到半年的库存，厂家会以接近于其生产成本的20~25日元的价格进行低价处理。

廉价自动售货机的销售商将这些保质期不满半年的商品装入自己公司的自动售货机中，以100日元、50日元的价格进行销售。并且如果保质期逼近到一个月的时候，就会以低于进货价的一瓶10日元的价格进行清仓处理。那么怎样才能找到这样的自动售货机呢？可以直接咨询廉价自动售货机的供应商，或者寻找那些一般不会放置普通自动售货机的地方，例如人流量少的地方或者大厦的一楼等，你会发现这些廉价自动售货机专门放在其核心用户经常出现的地方。

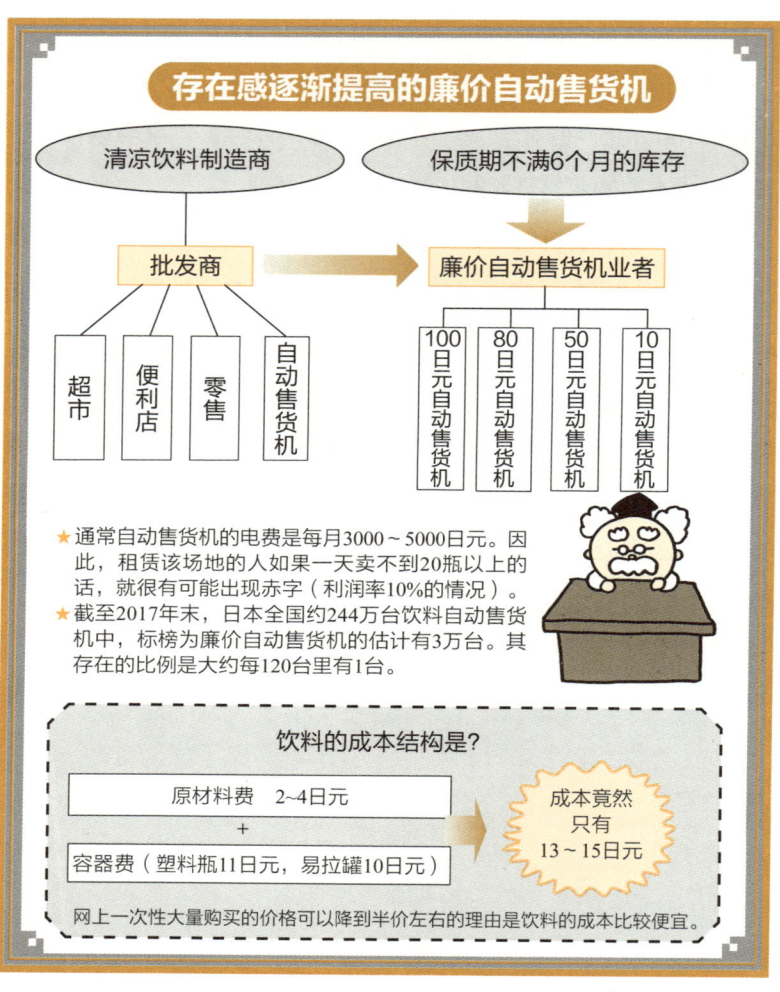

存在感逐渐提高的廉价自动售货机

```
清凉饮料制造商          保质期不满6个月的库存
     │                         │
     ▼                         ▼
   批发商  ──────────→  廉价自动售货机业者
   │ │ │ │              │    │   │   │
  超 便 零 自           100  80  50  10
  市 利 售 动           日   日  日  日
     店    售           元   元  元  元
           货           自   自  自  自
           机           动   动  动  动
                       售   售  售  售
                       货   货  货  货
                       机   机  机  机
```

★ 通常自动售货机的电费是每月3000～5000日元。因此，租赁该场地的人如果一天卖不到20瓶以上的话，就很有可能出现赤字（利润率10%的情况）。

★ 截至2017年末，日本全国约244万台饮料自动售货机中，标榜为廉价自动售货机的估计有3万台。其存在的比例是大约每120台里有1台。

饮料的成本结构是？

原材料费 2～4日元
+
容器费（塑料瓶11日元，易拉罐10日元）

→ 成本竟然只有 13～15日元

网上一次性大量购买的价格可以降到半价左右的理由是饮料的成本比较便宜。

生活小便签

清凉饮料里含有大量的糖分。一瓶500毫升的碳酸饮料中含有40～65g的糖分，这相当于10～16块方糖。所以，消费者如果大量饮用，会导致快速发胖。

3 立食荞麦面店[1]的荞麦面为什么便宜？

在一般的荞麦面店里，菜单上即使出现价格为1000日元左右的荞麦面也不稀奇，但是为什么立食荞麦面店菜单上的价格只有300日元到400日元，并且价格不到一般荞麦面价格的一半也是合理的呢？

这是立食荞麦面行业多年来的努力和不断改进的结果。立食荞麦面店的荞麦面，荞麦粉占1~2成，8~9成是小麦粉的情况并不少见。甚至有虽然罕见但也存在的用100%的小麦粉，只把颜色伪装成荞麦面颜色的情况。进口的小麦粉很便宜（100g只要20日元左右，99%来自美国、加拿大、澳大利亚），把小麦粉染成荞麦面的颜色，就有了无限接近于乌冬面的荞麦面。

即使是混合荞麦面粉，因为国产的荞麦粉100克也要100日元左

---

[1] 译者注：顾客站着用餐的荞麦面店。

右，所以会使用价格只要一半左右的进口荞麦粉（大部分是中国产）来制作荞麦面。如果不这样做，荞麦面的价格就无法降到300至400日元。

关于荞麦面的成本，以"荞麦素面"为例，在制作"荞麦面"的面粉是100%小麦粉的情况下，其成本是20日元左右，在荞麦粉占比40%的情况下，其成本是40日元左右，再加上荞麦面汤的成本是20日元左右，葱的成本是3日元左右，因此，一碗荞麦素面的估计成本大概为43日元到63日元。如果一碗卖300日元，成本率大概是14.3%～21%。

在配菜里加上炸什锦（成本40日元），一碗炸什锦荞麦面在售价400日元的情况下，其估计成本率大概是20.75%～25.7%。另外，与一般荞麦面店所使用的碗相比，为了使荞麦面汤的量尽量少一些，立食荞麦店所用的碗，其碗底都缩小了20%～30%，容量仅为270毫升左右。通过这样的努力和改进，即使荞麦面的售价非常便宜，立食荞麦面店也能够在离车站比较近的好地段开店，以其较高的周转率来取胜。近年来也出现一些荞麦面店，不使用已经提前煮好的现成熟面，而是改用可以快速煮熟的生面。

立食荞麦面店赚钱的窍门

炸什锦荞麦面一碗400日元　成本率 20.75%～25.7%

〈详细的成本〉

- 葱3日元左右
- 荞麦面
  - 使用小麦粉的情况下 20日元左右
  - 使用荞麦粉的情况下 36日元左右
- 炸什锦40日元
- 荞麦面汤20日元左右
- 通过调整碗的大小，减少汤汁的量等

立食荞麦面店的荞麦面以"熟面"为主流，由于储藏的缘故，一天需要分几次把面搬入店里，比较麻烦。最近，可以实现短时间快速煮熟的"生面"也开始普及了！

在保证良好品质以及美味口感的前提下，立食荞麦面能够以合理的价格呈现在顾客面前，这里面饱含了企业的努力的同时，还有各式各样的窍门。

生活小便签

荞麦面有益健康是因为含有芦丁。芦丁是多酚的一种，可以降低血压，抑制中性脂肪，通过抗氧化作用保持皮肤清洁，同时有抗老化的效果。

4 代金券店的利润如何

代金券店是二手交易商。二手交易商是指买卖、交换二手货物以及新品的商家。因为盗窃品和伪造品也有可能以变卖为目的流入二手交易商的店铺，所以二手交易商是已在主管当局接受了法律培训，并得到了公共安全委员会许可的从业者。代金券店是回收业者和二手衣服店等二手交易商中利润最低的行业。毕竟，以面额价格的94%买入的代金券再以97%~98%的价格销售，这是一门预期利润差只有2%~3%的生意。

但是，即便如此，如果一天的销售额有100万日元，假设3%的毛利那么就有3万日元，销售额有200万日元的话就有6万日元的毛利润。即使一天只赚3万日元，如果一个月工作25天，月收入就是75万日元；一天赚6万日元的情况下，月收入就是150万日元。那么如果从这里扣除人工成本和房租后还有盈余的话，生意就可以很好地维持下去了。近年来也有网络上的代金券二手交易，但是其背后如果没有一个在人流量大的车站前的繁华街道里的实体店铺，那么这个商业模式是无法成立的。因为平均客单价都在1万日元以下，所以必须薄利多销。

即使是在车站前的繁华地段开店，由于代金券店铺的商品是代金券，所以所需库存空间也不是很大，店铺空间有1~3坪[1]就可以了，如果是租一个的小单间，房租也可以压缩很多。店铺进货的主要渠道是从客人那里进行收购。

如果代金券缺货较多，就会影响到顾客的消费体验，所以如果有时候新干线的车票库存很少，也需要自己去新干线的购票窗口买票来补齐库存。店铺的繁忙时间段恰好在上班族的午休时间和傍晚。当客人蜂拥而至，既要防止找错零钱，又要防止买到赃物和伪造品。因而需要一一进行身份证检查，这都需要花费很多精力。从防止犯罪的意义上来讲，这个行业的横向合作是很紧密的。卖不出去的代金券不同店铺也会互相帮忙处理。

---

[1] 译者注：1坪大约为3.3平方米。

代金券店铺最重要的是商品种类是否齐全

月销售额：6250万日元（日销售额250万日元×25日）

毛利润125万～187万日元

- 人工费　　50万日元
- 房租　　　30万日元
- 各种经费　10万日元
- 利润　　　35万～97万日元

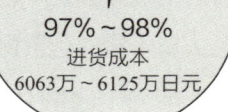

2%～3%
97%～98% 进货成本
6063万～6125万日元

成本是多少？

经营代金券店铺的关键
1. 杜绝计算失误
2. 注意赃物和伪造品
3. 种类丰富的商品

所售商品	座位指定席 东京 新大阪新干线（希望号）	全国百货店通用商品券（100枚为单位）	82日元的邮票（100枚为一套）	购书券（500日元券）	50%off 股东优惠券（机票）	吉野家股东优惠券	印花税纸
正常价格	14,450日元（±200日元）	100,000日元	8200日元	500日元	—	3000日元	10,000日元
收购价格	12,716日元（88%）	98,800日元（98.8%）	7626日元（93%）	450日元（90%）	2700日元	2600日元（87%）	9800日元（98%）
贩卖价格	13,294日元（92%）	99,200日元（99.2%）	7954日元（97%）	485日元（97%）	3300日元	2700日元（90%）	9900日元（99%）
代金券店毛利润	578日元	400日元	328日元	35日元	600日元	100日元	100日元

虽然代金券店铺的毛利率很低，但如果销售额足够多，也会产生与其相应的可观利益。

经济小常识

去海外旅行的时候，如果要把日元兑换成美元或欧元等外币，比起在银行或机场兑换，代金券店的汇率会更加优惠。另外从海外回国时，也有代金券店铺会提供外国硬币换回日元的服务，所以非常方便。

5 需要100人以上客户的洗衣连锁店行业

现在，由个人经营的提供从洗衣到熨烫服务的洗衣店越来越少了。目前主流的洗衣店都是与大型洗衣公司签约的洗衣连锁店。在单价下行的行业里，个人经营无法做到完成多工序以及进行大量作业，所以最终无法继续生存下去。洗衣市场本身的规模在1992年达到顶峰，实现8170亿日元交易额以后，到2015年已经缩小到3090亿日元。家庭单位的洗衣费用支出也从顶峰时期的每年2万日元减少到5600日元。服装的休闲化、具有形状记忆功能的衬衫、高性能洗衣机、蒸汽熨斗的普及等也减少了顾客对洗衣服务本身的需求。洗衣服务行业的加盟是特许经销。大型洗衣公司从签约的连锁店里收集需要清洁的衣物，在工厂里快速完成清洗，然后再返还给经销店。

洗衣服务行业能赚多少钱呢？这是一种一旦选址错误，立马就会被淘汰的高危行业。也就是说，把店开在车站附近等人流量大的地方，人们可以在上下班或购物时顺便去的这种便利性尤为重要。由于客单价平均为1000日元，所以一天50人的顾客销售额也就是5万日元，如果按一个月25个工作日来计算，一个月的销售额是125万日元。但是，这个销售额中可以留给加盟店的只有所谓手续费收入的25%，也就是说实际收入只有31万日元，再从中减去人工成本和房租等各种经费就会出现赤字，这样一算实在是难以持续下去。

如果一天有100位客人，那么日销售额就是10万日元，一个月的销售额则是250万日元，手续费收入是62万5000日元。在这样的情况下，如果可以将房租价格控制在一个较低水平，那么再扣除各种经费也可以勉强维持下去。

洗衣服务连锁店和代金券店铺一样，由于客单价较低，所以需要100人以上的顾客数量才能实现盈利。

一天需要100位客人

洗衣连锁店的收益结构

每天有50位客人的情况
- 客单价为1000日元×50人=5万日元（日销售额）
- 5万日元（日销售额）×25天=125万日元（月销售额）

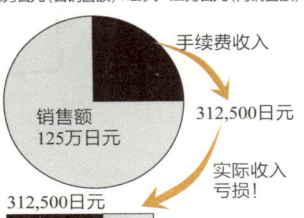

销售额 125万日元
手续费收入 312,500日元
实际收入亏损！ 312,500日元
各项经费 20万日元
→ 洗衣店老板的实际收入只有112,500日元 做不下去！

每天有100位客人的情况
- 客单价1000日元×100人=10万日元（日销售额）
- 10万日元（日销售额）×25天=250万日元（月销售额）

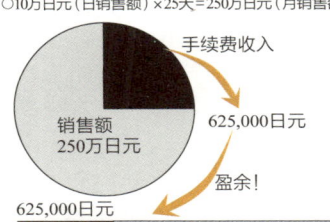

销售额 250万日元
手续费收入 625,000日元
盈余！ 625,000日元
各项经费 20万日元
→ 洗衣店老板的实际收入为425,000日元 雇个临时工差不多可以经营下去！

洗衣店铺的时间推移

> 网络交易在逐步增加！

年度	一般店铺	连锁店铺	特定店铺	无店铺的连锁店	合计
2016	24,336	69,929	3511	1933	99,709
2010	31,940	90,825	3390	770	126,925
2005	39,638	105,134	2360	263	147,395
2000	44,617	115,752	1978	—	162,347
1997	47,218	115,010	1997	—	164,225
1995	48,227	111,907	1727	—	161,861
1990	51,621	101,385	1856	—	154,862
1985	54,459	83,284	1599	—	139,342
1980	58,546	58,811	1611	—	118,968

（1997：顶峰）

经济小常识

在洗衣服务店铺减少的同时，投币式洗衣店的店铺却在增加。1997年有1万多家，到2018年为止倍增至2万家。据说是受到双职工家庭数量增加的影响。

6 虽然市场规模在扩大，但收益规模在缩小的殡葬服务行业

日本2017年的死亡人数为134万人，出生人数为94万人，人口自然减少数约为40万人。

死亡人数今后将逐年增加，进而会加速人口的减少。可想而知，死亡人数增加的情况下，葬礼的场数也会增加，殡葬从业者应该能够赚不少钱。

但是，随着死亡者的老龄化（葬礼需求减少）和通货紧缩的加剧，每场葬礼的单价都在减少。虽然殡葬市场规模在逐年增大，据推算去年的市场规模估计超过了2兆日元[1]，但是葬礼的平均单价从2006年的200多万日元缩小到现在的130万日元。在这个行业中，花圈、祭坛、黑白布、接待处、殡仪车、各种装饰用具等，即使出现折旧也可以通过修复来实现重复使用，这点便是这个行业好的地

---

[1] 译者注：这里指的是2017年的数据。

方。并且如果祭坛看上去显得有些穷酸可怜,那么会刺激到遗属们的虚荣心,然后他们便会追加费用,进而单场葬礼的费用就会自然走高,可以说这是一门非常好的生意。实际上,殡葬行业是一个利润率非常高的行业。

从150万日元的葬礼费用的详细成本来看,棺材是便宜的木合板(7000日元),东京都内的火葬实际费用为5万日元(东京都外的费用约为1万日元),干冰2000~3000日元,殡仪车的汽油费1000日元,装饰用具2000日元,寿衣800日元,骨灰盒500日元,花圈800日元,成本率可以轻松地控制在10%以内。除此之外,根据不同情况,有时会需要再加上给运送遗体过来的医院20万~30万日元的谢礼(这仅仅是一部分医院的例子),即便如此毛利也有近7成。员工的工资水平也较高,以前是600万日元左右,但是现在每年都在减少。

也就是说,最近的行情发生了变化。葬礼的规模在缩小,如果没有类似公司级别等举办的大规模葬礼的话,收益就比较少。一般家庭的葬礼,现在甚至有的单场价格已经降到了20万日元。

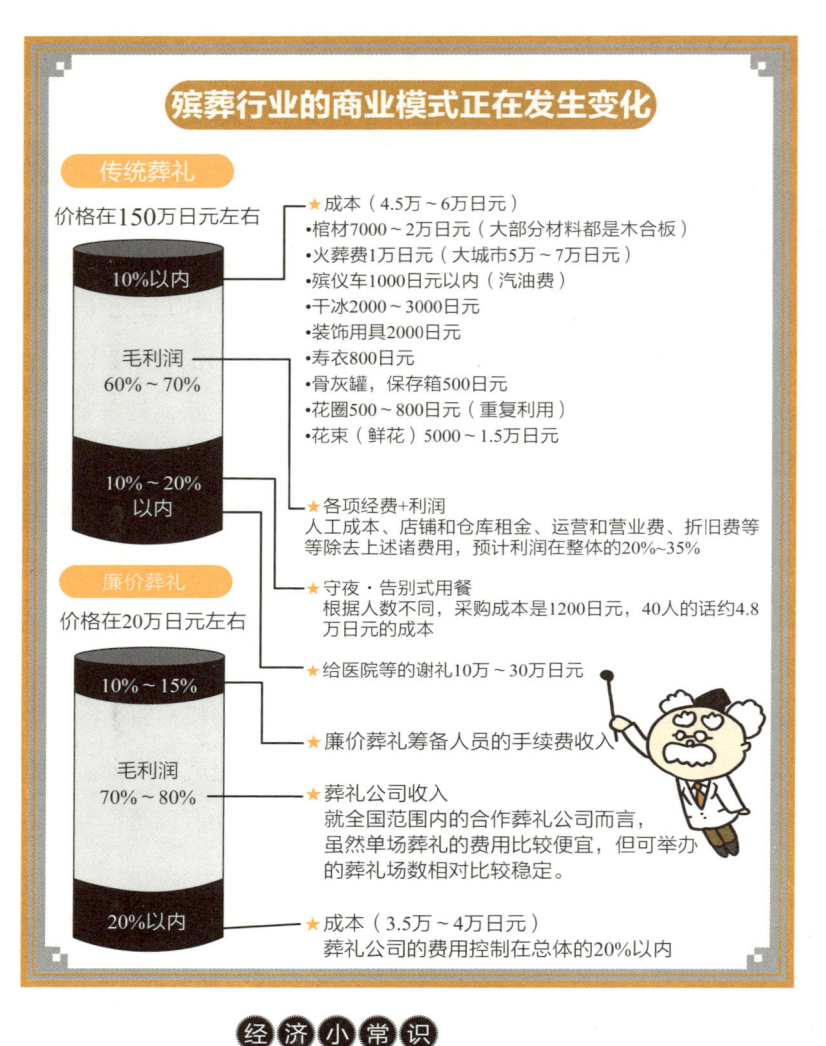

殡葬行业的商业模式正在发生变化

传统葬礼
价格在150万日元左右

- 10%以内
- 毛利润 60%～70%
- 10%～20%以内

★ 成本（4.5万～6万日元）
- 棺材7000～2万日元（大部分材料都是木合板）
- 火葬费1万日元（大城市5万～7万日元）
- 殡仪车1000日元以内（汽油费）
- 干冰2000～3000日元
- 装饰用具2000日元
- 寿衣800日元
- 骨灰罐，保存箱500日元
- 花圈500～800日元（重复利用）
- 花束（鲜花）5000～1.5万日元

★ 各项经费+利润
人工成本、店铺和仓库租金、运营和营业费、折旧费等等除去上述诸费用，预计利润在整体的20%～35%

★ 守夜·告别式用餐
根据人数不同，采购成本是1200日元，40人的话约4.8万日元的成本

★ 给医院等的谢礼10万～30万日元

★ 廉价葬礼筹备人员的手续费收入

★ 葬礼公司收入
就全国范围内的合作葬礼公司而言，虽然单场葬礼的费用比较便宜，但可举办的葬礼场数相对比较稳定。

★ 成本（3.5万～4万日元）
葬礼公司的费用控制在总体的20%以内

廉价葬礼
价格在20万日元左右

- 10%～15%
- 毛利润 70%～80%
- 20%以内

经济小常识

在日本，殡葬行业又细分为很多行业。汤灌仪式（遗体清洗）、入殓、插花祭坛、香典返礼、定制餐、佛坛佛具、墓碑、墓地等相关的行业范围也很广泛。越是大公司，其经营的项目也越多。

7 手机话费为什么会那么高

在工薪阶层的家庭里,如果全家人都使用大型手机运营商提供服务的智能手机,那么全家的手机话费支出将是一个很高的数字。

即使是那种便宜的套餐,一个人每个月也要花费7000~10,000日元,一个3口之家一个月的合计手机话费支出就是2万~3万日元,一年就是24万~36万日元。在非智能手机时代,手机费用相对来说还不算太贵,当步入智能手机时代之后便一直处于高位。

自从智能手机登场以来,大型运营商的销售业绩就一直在上升。让我们来看看手机运营商2017年度的财务决算吧。

软银集团的销售额为9兆1587亿日元,营业利润为1兆3038亿日元;NTT DOCOMO电信公司的销售额为4兆7694亿日元,营业利润为9733亿日元;KDDI电信公司的销售额为5兆419亿日元,营业利润为9627亿日元。

无论哪家公司,其营业利润率都在两位数以上,其中软银为14%,NTT DOCOMO电信公司为20%,KDDI电信公司为19%。即使是可以代表日本的丰田公司,其营业利润率也只有8%。虽然在维护通信线路方面承担了巨大的费用，但这些垄断了公共无线通信的公司，赚得简直是太多了。

终于感觉到问题所在的日本总务省，开始禁止大型运营商销售实质价格为零日元的智能手机，针对其将合约与手机进行两年捆绑的行为给予了行政指导。并且发力推动廉价智能手机运营商MVNO[1]（虚拟移动通信业者）的成长，到目前为止，已经有近700家[2]相关的新企业成立。廉价智能手机的话费可以控制到只有大型运营商的一半以下，但是近年来，大型运营商为了防止顾客流失而实行的对策也正在逐渐奏效，廉价智能手机的普及也开始遇到困难。

大型手机运营商的手机话费居高不下的主要原因是其各种附加服务费叠加所导致的。最近，安倍政府的内阁官房长官[3]也提出智能手机收费过高的问题，并对大型手机运营商的垄断状态给出了忠告。但以营利为目的的民间企业所制定的手机话费价格，是无法轻易实现降价的。

---

[1] 译者注：Mobile Virtual Network Operator的略写。MVNO指的是从其他公司租借无线通信基础设施来提供语音通信和数据通信服务的经营商。近年来不仅仅是IT、通信行业的企业，跨行业企业的参与也已逐步活跃。
[2] 译者注：这里指的是2018年12月20日原著发行之前的数据。
[3] 译者注：原著写作时期的安倍政府内阁官房长官菅义伟已于2020年9月14日当选执政党日本自民党总裁，并于2020年9月16日正式成为日本第99任首相。

手机通讯运营公司的市场占有率（截至2018年6月）

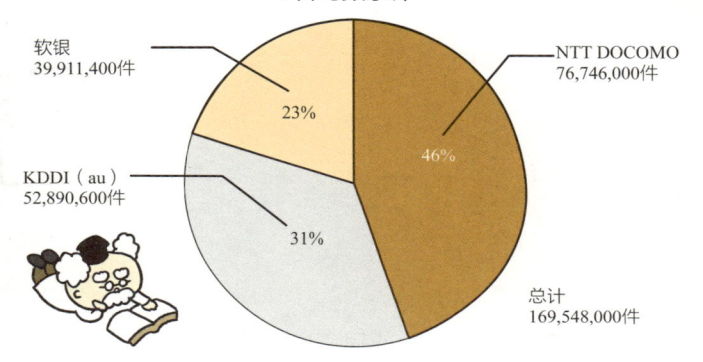

<合约数累计>

- 软银 39,911,400件 — 23%
- KDDI（au）52,890,600件 — 31%
- NTT DOCOMO 76,746,000件 — 46%
- 总计 169,548,000件

各运营商年度新增合约数的推移

运营商	2013	2014	2015	2016	2017
NTT DOCOMO	1,193,500	3,092,400	4,327,600	3,986,300	2,090,400
KDDI（au）	2,799,700	2,761,300	2,862,700	2,588,500	2,808,800
软银	3,437,500	2,641,900	2,175,500	▲288,200	216,600

（源自一般社团法人电信运营商协会）

三家大型运营商之外的新运营商的出现，是否会给高涨的手机话费带来一番新景象，我们拭目以待。

经济小常识

根据2018年9月总务省发表的数据，日本的智能手机话费在日、美、英、法、德、韩等几个国家中以每月7562日元的价格居于最高位，大幅超过了排名第二的美国的5990日元，是费用最便宜的法国的3倍。

8 "立饮屋"[1]是怎么赚钱的？

近年来，酒馆街最有活力的居酒屋当数"立饮屋"。立饮屋在工薪阶层中大受欢迎当然是因为其低廉的价格。每当想要"稍微小酌一杯"的时候，去立饮屋既可以站着喝，又能实现在短时间内结束，这大概就是其魅力所在吧。

令人吃惊的是，稍稍做了一下调查后发现，在标榜"超便宜"的所有立饮小酒馆里，甚至有的立饮屋可以做到所有酒水的价格都是100日元。

就一般立饮屋的酒水价格而言，即使是最便宜的情况下，啤酒中杯也要280日元，葡萄酒200日元，苏打水调制酒精饮料190日元，日本酒[2]250日元。下酒菜大致为，烤鸡串一根100日元、毛豆180日元、油炸豆腐180日元、金枪鱼生鱼片250日元、炸薯片180日

---

[1] 译者注：客人站着饮食的店。
[2] 译者注：又称为清酒，主要原料为大米（主要是酒米）、曲子和水，用日本特有的制法酿造的酒。

元、炸鸡块250日元、蔬菜天妇罗250日元等,这些价格大概在100日元到200日元,不会超过300日元。与一般的居酒屋相比,立饮屋的价格可谓极其便宜。其平均客单价大致压缩在1500日元以内,所以顾客在立饮屋的平均停留时间为男性1小时,女性1.5小时,这样的数据也是可以理解的。

但是,菜单上的菜品价格有的甚至比超市卖的熟食小菜还要便宜,这怎么能够赚钱呢?真是不可思议。

实际上立饮屋的战略和百元店相同,都是组合毛利策略。通过提供毛利率不同的诸多商品,将成本率平均控制在整体销售额的30%以内,成本率30%这个数字可以说是餐饮界长期以来的一个共识。

酒精饮料中,成本最高的是啤酒,中杯大约在200日元,其次为葡萄酒,成本约80日元,苏打水调制酒精饮料20~40日元,鸡尾酒50日元,烧酒30日元,可以说除啤酒以外,其他的成本都比较低。

酒水的成本

生啤·中杯 
280日元
（成本200日元）
成本率71%

杯装葡萄酒 
200日元
（成本80日元）
成本率40%

苏打水调制酒精饮料 
190日元
（成本20～40日元）
成本率10%～21%

日本酒 
250日元
（成本90日元）
成本率36%

下酒菜的成本

油炸豆腐 
180日元
（成本40日元）
成本率22%

烤鸡肉串1根 
100日元
（成本10～35日元）
成本率10%～35%

金枪鱼生鱼片 
250日元
（成本160日元）
成本率64%

土豆沙拉 
180日元
（成本70日元）
成本率38%

炸鸡块 
250日元
（成本50日元）
成本率20%

蔬菜天妇罗 
250日元
（成本100日元）
成本率40%

毛豆 
180日元
（成本50日元）
成本率27%

★总成本率要控制在30%以下是关键！

生活小便签

立饮小酒馆又名"千醉"店。意思是"只要1000日元就可以实现有酒有菜把酒言欢的店"。搜一搜介绍"千醉店"的各种网站，会发现很多有趣的小酒馆哦。

9 男士西服第二件1000日元的促销对店铺更有益

在廉价男士服装连锁店里，西服会按价格的高低进行陈列，比如会按照2万日元以上价格的、3万日元以上价格的，以及4万日元以上的不同价格段进行排列。如果按这种方式陈列，最畅销的会是中间段的价格为3万日元价格以上的西服。这与寿司店里的寿司菜单中"松套餐2000日元""竹套餐1500日元""梅套餐1000日元"的排列设定一样，客人最终会选择中间价位的竹套餐，这是所谓中庸的原理在发挥着作用。所以，如果有一款是最想要卖的商品，那么只需把其价格设定在有上下价格参照物的中间价位就可以了。

除了这样的销售方法之外，名为"捆绑销售"的销售方法也是一种既有效又很常见的方法。

"捆绑销售"指的是，比如在已经购买了一套3万日元西服的情况下，如果再购买第二套，那么第二套的价格为1000日元的销售策略。

一般而言，买两套3万日元的西服需花费6万日元，但如果两套一共只需要31,000日元，那么一套西服的平均价格就接近半价，的确非常便宜。

如果两套一共31,000日元，那么一套就只需15,500日元。这时客人如果不买两套就感觉像是吃亏了，所以大多数人应该会选择同时买两套。这种销售方法虽然存在欺瞒的成分，但是在向顾客宣扬其低廉价格这一点上则非常有效。一套西服如果从一开始就标示15,500日元的低价，那么利润率会极低。假设西服的进货价是5000日元，一套售价15,500日元的情况下，毛利润只有10,500日元。但是，如果两套卖310,00日元，那么毛利润就是21,000日元。销售西服的生意和销售休闲服装有所不同，"接待客人"是其中不可或缺的环节。销售西服需要从接待客人开始，陪客人一起选择花色花纹以及布料材质等，并且需要丈量各种尺寸。因此，卖一套西服是需要花很多工夫的，毛利润少且销售效率低，两套一起卖，则店铺会有更大收益。

主打低价销售时的利润率是非常低的

超低价

1套15,500日元

售价15,500日元
（进货成本5000日元）

15,500日元 − 5000日元 = 10,500日元

毛利润低！

第二套1000日元促销

1套30,000日元

※1套30,000日元
※买两套的情况下，总共31,000日元

售价31,000日元
（进货成本10,000日元）

31,000日元 − 10,000日元 = 21,000日元

毛利润高！

消费者可能会觉得非常便宜，但实际上店铺也可以获得很大的利益！

经济小常识

男装行业正在不断缩小，最大的4家公司都正在摸索"脱离西装战略"，试图逐渐转向多元化。但这种情况不论是在卡拉OK行业、婚庆行业还是复合型咖啡行业，均已出现，并且陷入业绩苦战之中的状况还将会继续。

10 利用廉价航空的优点和缺点

近年来,机票变得非常便宜,廉价航空公司(LCC:Low-Cost Carrier)的存在感也在逐渐增强。由于廉价航空公司坚持彻底削减成本,其机票的价格可以低至现有航空公司的一半到三分之一。廉价航空公司的飞机机型统一使用耗油量低,容量大,且适用于中程距离的空客320或波音737,并且不使用可以直接连接到机舱的登机桥,因为登机桥费用过高。同时,控制和压缩机长和CA的工资,工作人员也是身兼飞行中的多项任务并且要负责打扫卫生。廉航的订票系统为优先通过网上预约,彻底缩小人工服务柜台的规模等,这些均将成本尽可能地降低。廉价航空公司有捷星航空(Jetstar Aviation)、乐桃航空(Peach Aviation)、香草航空(Vanilla Air)、春秋航空日本(Spring Japan)、亚洲航空(AirAsia)、酷航(Scoot Aviation)等。不过,虽然廉价航空公司的机票便宜,但缺点也不少,比如座位很窄,托运行李需要额外收费,机内饮食、盖毯都是要收费的,看电影以及玩游戏的娱乐设备也没有，机票的变更和取消实际上是无法实现的，出发和到达延迟的情况也很多。基于这些缺点，坐国内线飞行时间在1~2小时的情况下，还勉强可以忍耐，但如果是3个小时以上的国际航线也选择乘坐廉价航空，那将会是一件非常痛苦的事情。所以在这里我们需要记住的小窍门便是：尽量购买传统航空公司而不是廉价航空公司的低价机票。虽然正月以及黄金周时间段的传统航空机票价格会上涨至一个高位，但实际上如果在2月、10月、11月的淡季进行预约，传统航空机票价格会非常便宜。

例如，通常往返成田到罗马的机票要10万日元以上，如果是旺季，那么即便上涨到15万日元以上也是很正常的。但如果是在淡季提前预约的情况下，即便是传统航空公司的机票，也可以在5万日元以下的价格拿到。这个价格的传统航空公司的机票其唯一麻烦的地方是转机需要等待较长时间。如果多下功夫做功课的话，甚至可以实现在9月份以5万日元，10月份以4万日元，11月份以3万日元的超低价格预约到成田—巴黎的往返机票。

航空业廉价航空的商业模式

1个座位1000千米（约1小时）的飞行成本

燃料费	机材费	机场费	人工费	销售管理费

→ 传统航空公司的成本约6500日元

廉价航空公司的成本 ← 廉价航空公司约3000日元 关键是能否压缩到一半以下！

※LC（Legacy Carria）= 传统的航空公司，也被称为FSA（全方位服务的航空公司）

各地区LCC的市场占有率（截至2017年）

北美
国际线32%
国内线13%

欧洲
国际线48%
国内线16%

东南亚
国际线53%
国内线28%

东北亚
国际线14%
国内线10%

淡季期间提前预订传统航空公司（FSA）的机票会更便宜！
＜目标是2月、10月、11月＞

成田⇔罗马
- 旺季15万日元以上
- 淡季5万日元以下

成田⇔巴黎
- 旺季15万日元以上
- 淡季3万~5万日元

经济小常识

日本航空（JAL）的经济舱座位与廉价航空亚洲航空（AirAsia）相比，日本航空的座位间距（前后长度）比亚洲航空长5 cm，达到86 cm。同时日本航空的座位宽度比亚洲航空宽6 cm，达到47 cm。

忍不住想要分享的关于经济的玄机②
很多拉面店所用的汤是速溶汤——这就是现实

"那家店的猪骨拉面味道浓厚鲜美""这家老板主打的酱油拉面是最好吃的",等等,关于拉面的讨论一旦提及便发现人人都是资深评论家。

但实际上,真正做到自家熬制汤,自家制作手工面的只是极少数。因为使用自制汤和面所需要花费的时间和精力成本都非常大。如果一碗拉面的价格无法控制在1000日元以下,那么客人是不会来消费的。

拉面店在做汤上不可以花费太多的时间和精力。在饮食店的经营中,原材料费用控制在30%以下——这一点是基本中的基本。如果做不到,就会负担不起人工费、房租、水电费等,最终造成亏损。有极少数的拉面店会在原材料上的花费超过3成,那是因为当店铺的客流率越来越高,人气高涨之后,为了提升口感而将原材料费提高的结果。如果开店之初原材料费就超过了3成,那么生意很难做下去。一碗700日元的拉面，原材料费要控制在210日元以下，一碗1000日元拉面的原材料费要控制在330日元以下，这是业内的常识。

比起以熬制鸡架或鱼干为底料的酱油类汤或味噌类汤，制作猪骨汤需要花费两倍以上的时间和精力。首先需要将猪关节部位的骨头捣碎，过一遍热水后去掉血水；然后将其断成易出骨髓的状态；同时要在几个小时熬汤的过程中，为了防止烧煳而不时进行搅拌，熬制过程中的气味也很浓，香气不仅仅弥漫在厨房，也会飘散到店里。如果这种熬制猪骨汤所散发出来的独特异味到处弥漫，可能也会遭到临近店铺的投诉。近年来，专供企业等大量使用的业务用汤和面在味道上得到了极大的改良，已经成为了非常优质的原材料，但与此同时其中也添加了很多化学调味料。现实情况是，在使用这种速溶汤和速食面的基础上再稍加一点特别的材料，这便是很多拉面店制作拉面的真实景象。

小小的厨房仅仅有一两个大的圆筒锅，菜单品目里有猪骨、酱油、味噌等种类多样的拉面，而店内没有什么特别的气味，喝完汤之后的大碗里也没有熬制骨髓所残留的细小渣粒，等等，这些都说明这是一家没有花时间熬汤的业务用速溶汤拉面店。

> 在汤料这一项目中，特别是做九州系的猪骨汤是需要花费很大工夫的。

拉面汤中有很多化学调味料

纯天然熬制的猪骨汤

异味 ＋ 费工夫

花费成本较高

所以

使用以化学调味料为底料做出来的业务用汤，就可以实现将价格控制在1000日元以下！

★要做出真正纯正的味道需要下很大功夫

小专栏 ②

畅吃畅饮的自助餐店是如何盈利的？

"随便吃""随便喝"这样的广告语是很有诱惑力的。

即便限定了90分钟、120分钟的时间，但在这个限定的时间内可以随意选择自己喜欢的食物和饮品，这样的自助餐是很受欢迎的。在旅行社配套的日本国内旅行套餐中，"海鲜＆3种螃蟹畅吃"的自助餐基本上是标配。在大街上，"烤肉自助餐""寿司自助餐""甜点自助餐""熟食自助餐""火锅自助餐"等各种各样的自助餐随处可见。自助餐的菜单品目也是五花八门，有限定某些菜品的自助餐，也有店内任何菜品酒水都可以畅吃畅饮的自助餐。在此，本人特别推荐的是都市酒店的自助午餐。为了吸引顾客入住，其自助餐会毫不吝啬地使用高级食材，并且在这里还可以尽情品尝到由一流主厨调味润色的佳肴。然而，这样的自助餐店铺是怎么实现盈利的呢？与前面已经介绍过的一样，将成本不同的食材用毛利组合的策略混合在一起，这样便可降低食材的平均成本，然后在此基础上通过大量采购来进一步降低成本，同时，自助餐的形式本身也省去了大厅接待客人的服务人员的人工成本。

第3章 与日常生活息息相关的经济的构造

生活

1 为60岁以后的"5年养老金空白期"做准备

一直以来,日本的养老金支付都是从60岁开始的。但是随着养老金制度的改革,出生于昭和36年(1961年)4月2日以后的男性,及昭和41年(1966年)4月2日以后的女性,其养老金开始支付的年龄会延迟到65岁,即从60岁到65岁这5年间他们是无法领取任何养老金的。

于2018年[1]的这一时点来说,在该年度与这一制度相对应的是57岁以下的男性,以及52岁以下的女性。政府同时修订了延长退休年龄的相关法案,以促使人们逐渐适应由原来的60岁退休变为65岁退休,并规定从2025年开始,法定退休年龄65岁将成为一项义务。所以,伴随着养老金开始支付年龄的推迟,法定退休年龄也就随之延后。将来,如果养老金开始支付的年龄再延后到70岁甚至75岁,

---

[1] 译者注:原著写作出版的年份。

那么法定退休年龄也应该会相应延后。

1960年的时候，日本人的平均寿命是男性65.32岁，女性70.19岁。但到了2017年，平均寿命均已提高，男性达到81.09岁，女性达到87.26岁。

1960年的时候是55岁退休，60岁开始领取养老金，即便按当时的女性平均寿命70.19岁来算，可领取时间也并不是很长。但是随着平均寿命的延长，原来的情况发生了变化。2017年的家庭调查中，以60岁以上且没有工作的老年人为对象，其家庭每月收支情况为单身者月支出15万4742日元，夫妻二人家庭月支出26万3717日元，无论是单身者还是家庭夫妻二人，每个月都会出现4万~5万日元的赤字。虽然存款可以弥补一部分，但如果活得越长，那么存款也终会有用尽的一天。对于目前已经是赤字的退休家庭来说，其收入的大部分来自公共养老金，一旦养老金无法支付，那么60岁以后绝对需要确保自己有收入。

退休年龄延长的同时工资会因为年龄变老而减少。如果不努力节约和存钱，所谓"长寿"也就等同于"长生地狱"，我们已然步入了这样一个时代。

养老金65岁支付的过渡简图

出生日期	60	61	62	63	64	65（年龄）
1949年4月2日—1953年4月1日 （1954年4月2日—1958年4月1日）	特殊支付的企业年金（按收入比例支付的部分）					企业年金 基本养老保险
1953年4月2日—1955年4月1日 （1958年4月2日—1960年4月1日）		按收入比例支付的部分				企业年金 基本养老保险
1955年4月2日—1957年4月1日 （1960年4月2日—1962年4月1日）			按收入比例支付的部分			企业年金 基本养老保险
1957年4月2日—1959年4月1日 （1962年4月2日—1964年4月1日）				按收入比例支付的部分		企业年金 基本养老保险
1959年4月2日—1961年4月1日 （1964年4月2日—1966年4月1日）					按收入比例支付的部分	企业年金 基本养老保险
1961年4月2日以后 （1966年4月2日以后）					无按收入比例支付的部分	企业年金 基本养老保险

※（）里面是指女性的出生日期

日本的人口预测　2014年　1亿2691万人　→　2060年　8674万人

日本的人口年龄分布

（根据厚生劳动省的资料所制）

将以这个速度去发展，2035年之后日本的老年人口将占总人口三分之一。

1970年约为7.1%
1995年约为14.5%　↓增加
2007年约为21.5%
65岁以上人口占全人口的比例

经济小常识

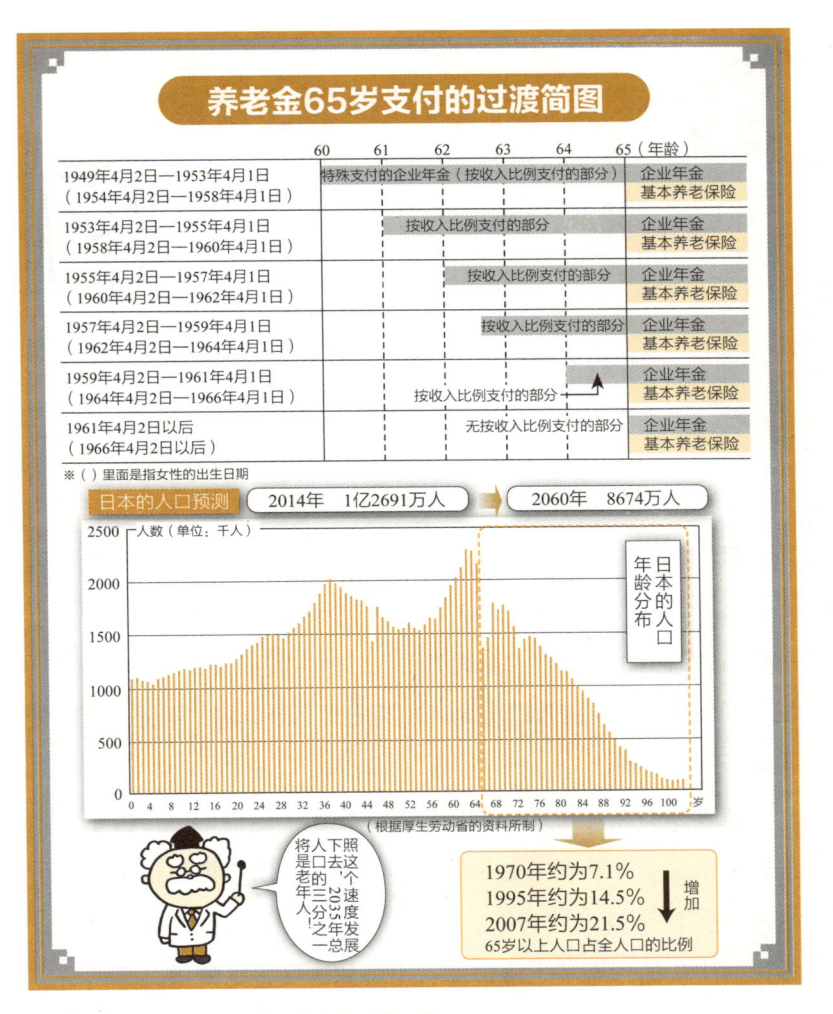

在日本，还有一种"补充养老金"的制度，如果妻子的年龄比丈夫小，在丈夫65岁之后可以开始领取养老金的同时，妻子每个月可以再额外领取3万日元左右的养老金。

2 购房和租房哪个更有利？

一般而言，买房的好处是贷款还清后房子就变成自己的了。但可以确定的是，在接下来的人口负增长时代，住房会出现剩余。因此，迄今为止大家所认为的优点未必在将来仍然还是优点。房地产的价格由需求和供给的关系所决定。在一个需求逐渐减少的时代，用长期住房贷款所购置的房地产，其房价不断下降的部分，也将是损失不断增大的部分。

在过去的经济高度增长期，有一种"土地神话"，由于土地的价格上涨会弥补住宅老化所折旧的部分，所以即使借钱也应该尽早购买属于自己的房子，在那个时期这样做的确是划算的。如果对房价的预期是上涨，那么用贷款购买也是值得考虑的一部分。但是如果将来房价下跌，损失确实会发生的情况下，仍然选择长期持续偿还住房贷款，这一点在经济合理性上确实欠妥。当然，人是不会按合理性去行动的。对于那些需要晚年有居住地方才能安心的人，购买一套属于自己的房子才是合理的。因为这样他们购买到的是安心。

但是，作者本人的建议是，在工作期间最好选择租房住。因为可以根据家庭结构以及经济能力的变化，来实现居住环境的更新换代。迎来晚年后，在适当的时期选择比目前更便宜的出租房或者去购买价格已经下降的住宅是比较好的。随着人口的减少，地价在大部分地区都将会是下跌的。不会降价的地区大概只有大城市中心的极少数区域。在被住宅贷款束缚30年、35年以后，贷款终于偿还完毕，但那时候的房子也已破烂不堪了。

这个时候即使将房屋进行出售，其价格也远低于购买时的价格。比起把钱投入到价格下行中的东西，不如通过储蓄和投资来实现资产增值，后者应该更为重要吧。

买房子是一大损失！

新建公寓

< 3DK 75㎡ 4200万日元（包括各种经费）>
- 首付500万日元 贷款3700万日元
  （35年房贷固定利率为2%）
- 每月的还款额为125,879日元

↓ 35年后

<所花费总额>
首付500万日元 + 5287万日元 总还款额

合计 5787万日元

※35年后公寓的价格如果跌至购买时的半价，则为2100万日元

↓

那么35年间损失的金额是
5787万日元 － 2100万日元 ＝ 3687万日元

★只剩一套破旧的公寓留在手里

※公寓每个月的物业费和修缮公积金是需要持续永久支付的

新建独院住宅

<土地20坪4200万日元（包括各种经费）>
- 首付500万日元 贷款3700万日元
  （35年房贷固定利率为2%）
- 每月偿还金额12万5879日元
- ※土地价格50%（2100万日元）

↓ 35年后

<所花费总额>
首付500万日元 + 5287万日元 总还款额

合计 5787万日元

※木制独立式住宅价格为0日元。
※如果土地价格的2100万日元下降3成，则其价值仅为1470万日元。

↓

35年间损失的金额是
5787万日元 － 1470万日元 ＝ 4317万日元

★留在手里的只剩一套破旧的房子

经济小常识

出租房的房东不想把房间租给独居的老年人，是因为在某些情况下，孤独老人的"孤独死"会给房子贴上"事故房屋"的标签。如果有高科技设备能实现每天对老人的生存状况进行检查，那么问题便可以得到解决。

3 "人寿保险"的必要性到底有多大？

在家庭支出当中，仅次于偿还住房贷款的最大支出就是人寿保险。根据人寿保险文化中心的一项调查，2016年日本每个家庭的人寿保险年缴费额（包括个人年金保险[1]的保险费）平均为38.5万日元（每月3.2万日元）。1997年缴纳的保险金额数字曾达到过顶峰，当时的年平均缴费金额为67.6万日元（每月5.63万日元），虽然相比当时现在已减少了很多，但依然显示出日本人喜欢购买保险的偏好，其支付的保险金额即使在世界上也是相对较高的。

以前，在众多媒体中只有《每日新闻》写过一篇关于"日本的人寿保险费比欧美国家相同内容的保险产品价格贵2～3倍"的文章（2001年8月5日）。我们很少会看到类似这样的报道。因为对于

---

[1] 译者注：所谓个人年金保险，是指在60岁、65岁等一定年龄之前以保险费的形式存钱，之后以累计缴纳的数额为基础领取养老金的一种保险。

媒体而言，保险公司是投放广告的极为重要的赞助商。提到日本的人寿保险，就不得不提到其低效性，比如30岁男性的死亡保险保额为3000万日元，保险期限为10年且没有任何特殊条款，在每月的月保费7000日元当中，用于实际补偿的纯保险费仅为35％，即2450日元。剩余的4550日元以附加保险费的名义算作是保险公司的毛利润。换言之，每月保险费的65%会消失在代理店的手续费、广告宣传费等保险公司的成本与利润之中。即使是保费仅为一般商业保险价格一半的网上人寿保险，用于实际补偿的纯保险费最多也就占77％，附加保险费占到23％。

实际上，加入非营利目的的都道府县民共济保险是性价比最高的。有共济保险先驱之称的"琦玉县民共济"，每3个县民中就有一人加入，其中具有代表性的"医疗·生命共济"是每份每月2000日元，因为有49%的返还金，所以实际上每月只需支付1000日元。"医疗·生命共济"险支付的赔偿保金是，住院赔付标准为一天8000日元，事故死亡赔付标准为1000万日元，疾病死亡赔付标准为400万日元。

买人寿保险是浪费钱

30岁男性的死亡保险
（死亡保金3000万日元
保险期间10年，无特殊条款）

每月保险费·共济费为2000日元的保险产品
（60岁之前）

住院：事故或疾病一1天8000日元（1～120天）
手术费：1万～5万日元
重度伤病：400万～1000万日元
死亡：疾病死亡400万日元　事故死亡1000万日元

网上人寿保险
每月保费
3200日元左右

纯保险费 77%
成本和利润 23%
（附加保险费）

大型人寿保险
每月保费
7000日元左右

纯保险费 35%
成本和利润 65%
（附加保险费）

共济保险
共济补助金为 58.36%
共济险红利为 37.7%
纯保险费相当于 96.04%
项目经费 3.96%

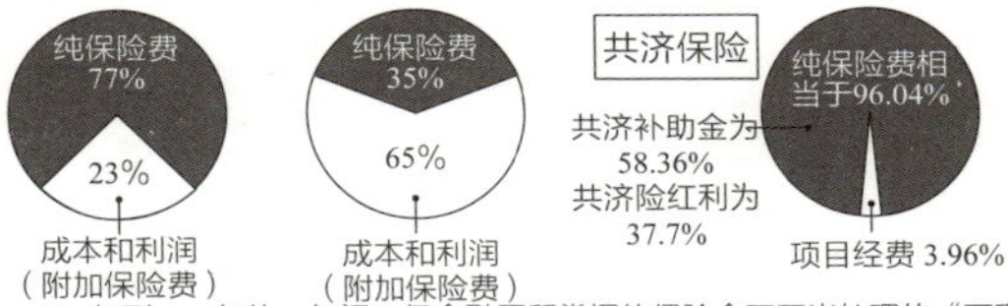

2001年到2010年的10年间，仅金融厅所掌握的保险金不正当处理的"不理赔事件"就有116万件，总金额达到1136亿日元。

大型人寿保险公司的保费里，用于补偿用户的部分仅仅只占到35%。65%的保费成为保险公司的利润及成本。即使是保费为半价的网上人寿保险，也有2成多归为利润和成本。此外也实际存在不少人寿保险公司对于约定的保险赔付款"不予支付"的真实案例。而所谓商业医疗保险，也会因为有很多免责条款在实际生活中发挥不了什么作用。即使不幸遭遇突发事故，还有健康保险（日本的公共医疗保险）的高额疗养费制度、伤病津贴以及伤残抚恤金，所以加入非营利目的的相对便宜的"共济保险"就足够了。

琦玉县民共济的"医疗·生命共济"保险

保费：每月2000日元→也有实际月保费为1090日元的时候

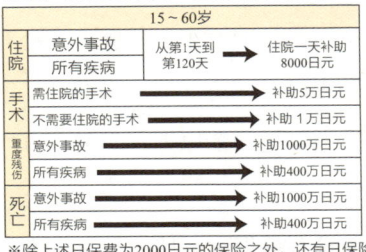

		15～60岁		15～60岁
住院	意外事故	从第1天到第120天	住院一天补助8000日元	住院一天补助5000日元
	所有疾病			
手术	需住院的手术		补助5万日元	补助25,000日元
	不需要住院的手术		补助1万日元	补助5000日元
重度残伤	意外事故		补助1000万日元	补助500万日元
	所有疾病		补助400万日元	补助200万日元
死亡	意外事故		补助1000万日元	补助500万日元
	所有疾病		补助400万日元	补助200万日元

※除上述日费为2000日元的保险之外，还有日保险费为其2倍的4000日元的保险。
※60岁之后还有一种内容更为浓缩的保险，名为"熟年型保险"，受保范围可至85岁。

经济小常识

据说日本与美国缔结FTA（自由贸易协定）之后，可实现税制优惠并可同时销售人寿保险与损害保险的日本共济保险制度，会由于受到美国保险公司的挤压而无法生存。实际上，韩国也正面临同样的情况。

4 城市生活中"拥有私家车"是一种莫大的浪费吗?

在远离都市的地方生活中,由于交通的不便利,私家车可以说是支撑家庭生活的必需品。但在电车、公交车、出租车等公共交通足够便利的都市生活里,拥有私家车实属一种浪费。即便出现无论如何都需要用车的情况,也有提供的汽车租赁服务,还有汽车共享服务。实际上,近年来年轻人已经不再一味追求拥有私家车了,虽说这当中经济状况不够宽裕也算是一个原因,但另一方面也显示出年轻人趋于合理的理性思维。

拥有私家车的人估计也没有意识到,拥有私家车本身究竟浪费多少钱。其实大多数人对拥有私家车所需花销这一问题的认识还停留在购车费、汽油费、停车场费、保险费、车检费等这些方面。但事实上,拥有私家车的最大问题在于需支付过重的税金。

让我们以价格180万日元(不含税的零售价格)的1800cc汽车为例,来看看一般家用车的花销。

仅持有13年,就需负担2,341,320日元的税费,这个数字甚至超过了购买新车的成本。这个数字是以新车第一年度所需负担的税费,以及各类归属于税费的所有支出的合计为基准,由日本汽车工业会(JAMA)计算得出的刊登在其官方网站上的金额(年汽油消耗量为1000 L的情况下)。当然,这个数字是为了告诉大家日本的汽车税,以及各类归属于税费的所有支出都很高而给出的估算值。

在日本持有私家车所需缴纳的税费,以及各类归属于税费的所有支出的总额在世界范围内都是很高的。仅比较持有阶段的数据来看,日本是英国的2.4倍,德国的2.8倍,以及美国的31倍。再加上一年1000 L的汽油费、高速公路费、汽车保险费、停车费等,很容易就会超过500万日元,甚至有可能会达到1000万日元。所以,基本可以说在大城市不适合持有私家车。

私家车用户所需负担税额（13年间）

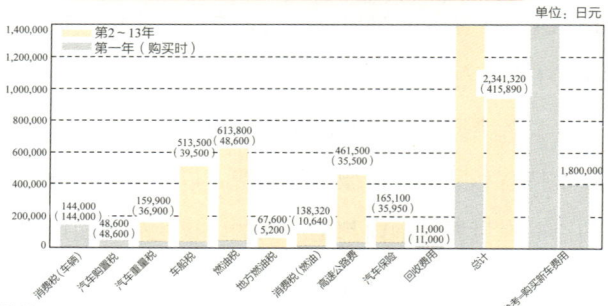

单位：日元

- 第2～13年
- 第一年（购买时）

税种	第一年	第2～13年
消费税（车架）	144,000	144,000
汽车购置税	48,600	—
汽车重量税	36,900	159,900
车船税	39,500	513,500
燃油税	48,600	613,800
加方挥油税	5,200	67,600
消费税（加油）	10,640	138,320
高速公路费	35,500	461,500
汽车保险	—	165,100（35,950）
回收费用	11,000	11,000
总计	415,890	2,341,320
参考：购买新车费用		1,800,000

前提条件：
①汽车价格为180万日元（不含税的零售价格）1800cc的家用车 ②车辆重量在1.5吨以下 ③汽油的年消耗量为1000升 ④重量税在交付车检证或申报购车时征收（仅限于新车可以在第一年时一次性征收3年的费用）⑤税率按2018年4月1日的税率计算 ⑥消费税按8%计算 ⑦回收费用为1800cc级别的平均值

注：1. 因高速公路费、汽车保险及回收费的性质类似于汽车税，所以将其加入该计算里（汽车保险指的是截至2018年4月1日的保险金额）。2. 高速公路费是由日本汽车工业会根据2016年度的实际费用收入进行估算的。

（源自日本汽车工业协会）

关于汽车持有阶段的税金负担的国际间比较

单价：万日元/13年

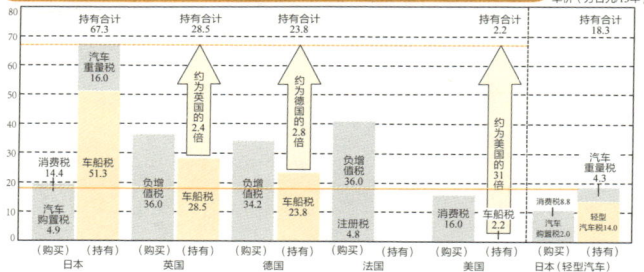

日本	英国	德国	法国	美国	日本（轻型汽车）
持有合计 67.3	持有合计 28.5 约为英国的2.4倍	持有合计 23.8 约为德国的2.8倍		持有合计 2.2 约为美国的31倍	持有合计 18.3
汽车重量税 16.0					汽车重量税 4.3
消费税 14.4				消费税 16.0	消费税 8.8
车船税 51.3	车船税 28.5	车船税 23.4	负担值税 36.0	车船税 2.2	轻型车船税 14.0
汽车购置税 4.9	负担值税 36.0	负担值税 34.2	注册税 4.8		汽车购置税 2.0
（购买）（持有）	（购买）（持有）	（购买）（持有）	（购买）（持有）	（购买）（持有）	（购买）（持有）

前提条件：①排气量1800cc ②车辆重量1.5t以下 ③JC 08模式耗油率15.8km/L（CO_2排放量147g/km）④汽车本身价格180万日元（轻型110万日元）⑤法国指的是巴黎的数据、美国指的是纽约市的数据 ⑥法国征收马力税 ⑦使用时间13年（平均使用年数；源自日检协数据）⑧汇率为1欧元=131日元，1英镑=151日元，1美元=112日元（2011/4～2018/3的平均值）

※基于2018年4月时的税收体系进行估算 ※不考虑日本的环保车减税等特例措施

（源自日本汽车工业协会）

经济小常识

据2017年日本汽车工业协会的"家用车市场动向调查"发现，在没有车的10～20岁的社会人中，"对车不感兴趣"的有57%，而"不想买车"的有54%。

5 考虑到未来的养老金，美国零息债券颇具吸引力

第二次安倍政权使日本银行推行了史无前例的大规模货币宽松政策，将原本高达1美元兑70日元的日元汇率大幅度贬值，到后来的1美元兑110~120日元。当然，美国是否会允许日元进一步贬值尚未可知，但从长期来看，考虑到日元和美元之间的利率差，日元进一步贬值的可能性也很大。正是由于处于这样的特殊时期，在可预见将来日本国力衰退的基础上，我们可以考虑对世界上最强的美国国债进行长期投资。美国国债在其固定收益率的基础上，还有低成本和低风险的特征。也就是说，为了能够顺利迎接退休后10年甚至20年才能拿到养老金的时代的到来，我们应该开始从现在试着购买一些"美国零息债券"。之所以被称为零息债券，是因为债券通常都是有息票（附有利息），但该债券没有利息，是以折扣价格出售以及流通的。例如，已售的10年后的2029年8月15日将以票面价值10,000美元进行偿还的"美国零息债券"，可以在2018年10月19日

以7266美元的价格购入（收益率为2.97%）。如果以1美元兑换110日元来简单计算，也就是说用79万9260日元可以进行购买。如果10年后汇率维持在1美元兑换110日元不变的情况下，79万9260日元的投资就可以兑换回110万日元。如果这时候汇率变为1美元兑130日元，那么就可以兑换回130万日元。

将来日元越是贬值，到时候兑换回的日元金额也就越大。顺便提一下，在20年后的2039年5月15日可以兑换回10,000美元的"美国零息债券"，现在可以以5362美元的价格购买（收益率3.05%）。虽说如若在偿还时日元升值了，那么可能觉得会是损失，但如果能以折扣价格购买并且长时间持有，可以说其风险也是相对有限的。

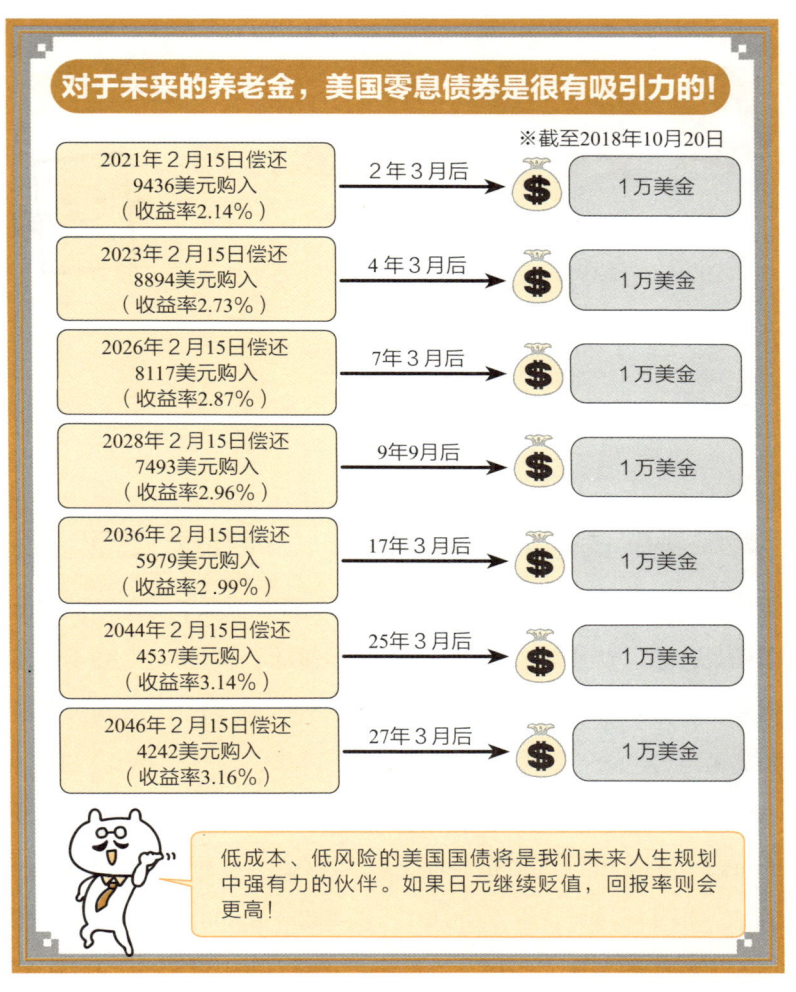

对于未来的养老金，美国零息债券是很有吸引力的！

※截至2018年10月20日

购入信息	期限	偿还金额
2021年2月15日偿还 9436美元购入（收益率2.14%）	2年3月后	1万美金
2023年2月15日偿还 8894美元购入（收益率2.73%）	4年3月后	1万美金
2026年2月15日偿还 8117美元购入（收益率2.87%）	7年3月后	1万美金
2028年2月15日偿还 7493美元购入（收益率2.96%）	9年9月后	1万美金
2036年2月15日偿还 5979美元购入（收益率2.99%）	17年3月后	1万美金
2044年2月15日偿还 4537美元购入（收益率3.14%）	25年3月后	1万美金
2046年2月15日偿还 4242美元购入（收益率3.16%）	27年3月后	1万美金

> 低成本、低风险的美国国债将是我们未来人生规划中强有力的伙伴。如果日元继续贬值，回报率则会更高！

经济小常识

> 在日本，美国零息债券的认知度还很低。究其原因，是由于提供该项买卖服务的证券公司所收的手续费过于低廉，因此无法获利。事实上，越是证券公司不进行大力宣传的产品，对消费者而言才是越有利可图的。

6 靠"35年房租保证"来经营安心公寓的愚蠢行为

一边煽动人们对退休后生活的焦虑,一边告诉你进行房地产投资能保证"退休后确保安心地颐养天年",这类黑心房地产商的广告四处弥散。这些黑心房地产商把一些廉价公寓冠以"35年房租保障"或者"35年空房补偿"的名义,作为超过1亿日元高价的新公寓来出售。

作为投资合租公寓的典型诈骗案例,合租公寓(Share House)运营投资"南瓜马车"的运营商与骏河银行(Suruga Bank)相互勾结进行不正当融资,以年收入在800万日元以上的高收入上班族为目标,向这类人群出售必定迎来破产的新建合租公寓,该"南瓜马车"事件在当时是一大新闻。其实在这个行业里类似事情还有很多。

虽说是35年的保证，但因为是转租合同[1]，承包商会从租金中扣除15%～25%的手续费，所以实际到手的租金会减少很多。

此外，空房补偿的免责期限如果是3～6个月，那么即使房子空出来，也并不能保证一定可以收取到租金。并且每两年会有保障租金的重新评估，该重新评估将直接导致保障租金的降低。按所签订合同规定的租客退房后的翻新费用也很高，如果房东委托合同以外的其他公司去做翻新，那么会以违反合同为由将转租合同解除。此时房东会因为违约而遭到要求诸如支付6个月房租违约金之类的压榨，而承包商则会因为租赁合同的解除而欢天喜地。因为原本就是在需求不足的地区建造的公寓，随着房子的自然劣化，确保有租户入住就会变得越来越困难。即使房屋罕见地持续有人租用，房东想趁着还有需求的时候通过出售来摆脱已经陷入的这种缺德套路，但也只能是以低价出售，因为它原本就是价格虚高的房产，然而此时贷款的剩余债务仍然持续存在。同样，即使房东可以在35年后还清以亿为单位的贷款，那个时候的房屋也已经破烂不堪，只能以超便宜的房租租出去。这与所谓的可以"躺着赚钱的颐养天年"有着天壤之别。所以，全权交由经销商的投资方案是积累不下资产的。请记住不要再被精心策划的广告所欺骗了。

---

[1] 译者注：指不动产管理公司向房主借房屋，然后管理公司与入住者签订租赁合同的合同形式。

"35年房租保障"的欺骗流程

房东的末路是申请个人破产

承包商的维修和改造费用很高！

时间越久承包商越想要解除租赁合同

新建筑售价

1亿日元
（木质结构12户）
※实际价值只有5000万日元

赚钱途径①（通过销售赚钱）

建筑商（房地产公司）
毛利40%
4000万日元的赚头！

房东的收支计划

- 自有资金500万日元（甚至0日元）
- 公寓贷款9500万日元
  （高达1亿日元）
  （固定利率30年，利率4%）
- 每月还款金额 = 453,544日元
  （一年544万日元）

赚钱途径②（通过转租手续费赚钱）

新建时
房租5万日元的80%（转租租金）
1间1万日元×12间=12万日元
（每年利润144万日元）

房东
- 收入=1间4万日元×12间=48万日元
  （一年576万日元）
※房租每两年降低一次

※房东的收支差额为每年576万日元−544万日元＝32万日元，一旦出现空房，马上就会变成赤字。如果空房房租补偿的免责期间在退房后2个月以后，那么赤字就会更大。

※销售人员会强调投资房产还有"减轻继承税"的功效。确实，如果房东死亡，基于团体信用保险，未偿还的房贷将不需要再偿还，继承税评估额将以时价的7～8成来评估，而且由于是出租房建设地，这将进一步降低15%左右的税，因此继承税将减少3～4成。

※虽然销售人员不停地强调投资房产"减税"的好处，但与工资的盈亏合计后可以显示出效果的也只有房屋资产折旧率比较大的最初几年。

※过20年之后，原本就属于廉价建造的建筑物，会变得更加破败，此时即使出售也只能以低价售卖。换言之，在某种意义上是没有其他出路可选的，只能选择即使背负债务也坚持持有，或是最后别无选择而申请破产。

经济小常识

也有的房屋投资中介售卖在出租需求高的市中心黄金地段投资新建的单间公寓，但这种情况下，会反过来因为受到租赁权的约束，房主无法提出解除转租合同。

7 反向抵押能让你安心·养老吗?

对于在市中心有独院房子的60岁以上的人们来说,如果退休后的生活遇到资金困难,可以利用"反向抵押"的制度进行周转,这是由于市中心的地价昂贵,市中心的独院房子也足够有价值。

这是一项以自己的房子为担保进行借款来弥补生活资金不足的制度。目前各自治体和金融机关等提供这样担保制度的地方已经逐步增多。但该制度需要合同到期时卖掉自己的房子,一次偿还所有借款以及利息。因此,在这个制度下想要"给子孙留下良田",将房子传承到下一代是无法实现的。所以在申请这项制度时,如果没有事先与儿子或女儿等法定继承人进行过商讨,很可能会造成日后的家庭纠纷。另外,如果作为合约签订者的丈夫去世了,有的情况下妻子可以续约,但也有一些情况,妻子无法续约必须将房屋进行出售。因此,需要仔细检查合同里的内容。此外,该制度仅限夫妇2人同居的情况(比如儿子失业与父母同居等则视为违反合同)。让我们来看一个使用该项制度的例子。

65岁的A先生的房子市值是6000万日元，基于这个6000万日元的市值，该制度可以给出的上限额度是3000万日元（评估额的50%），也就是说A先生到95岁满期为止的30年间，每月可以借5万日元的情况下（利息3%），到期时的债务总额是2921万日元。如果这个过程一切都顺利，假设A先生在90岁时去世，那么到时候只需卖掉自己的房子，并偿还之前的借款总额就可以了，但是这中间有几个问题。

　　首先，在这30年间，如果房子的评估价格下降，贷款上限额度有可能会低于3000万日元。第二，如果A先生寿命超过95岁，那95岁以后将不可以进行再次贷款，那时就会面临必须卖掉房子，被迫一次还清债务的问题。另外，加之利息在原则上是进行浮动的，一旦利息攀高，可借款的总额就会相对减少。

　　所以关于该项制度，我们会有如此种种的担心。因此，对于是否执行该项制度，还需要进行认真的考量。

退休后的资金不够！怎么办？

抵押住宅

光靠养老金生活是远远不够的……

还需要偿还多项贷款，太辛苦了……

老夫妇

即使老到需要被人照顾的地步，也无法进入收费养老院

还想去海外旅行

即使有这么多烦恼也不想选择变卖房产

这种时候应该选择反向抵押！

★以自己的房子作为担保进行贷款则为反向抵押

注意事项！

① 合约签订者的丈夫去世后，妻子有可能无法继续签约（这种情况下，需要卖掉签约房屋并一次性还清债务）。
② 如果房屋的评估价值下降，则可贷款的上限金额会减少。
③ 如果活得太过长寿，借款金额超过了可贷款上限，那么必须选择卖掉自己的房子，将债务一次性还清。
④ 因为最终只能选择卖掉房子，所以留给后代的遗产会减少或者归零。

生活小便签

平均寿命指的是同年出生的人当中死亡人数约为半数时候的年龄，并不是指所有人都死亡了的情况下的年龄。如果从目前的生存率来看，在90岁时男性每4人中还有1人活着，女性每2人中还有1人活着。

8 即使需要介护也无法进入养老院的现状

"健康寿命",根据WHO(世界卫生组织)的定义,指的是从平均寿命中减去因疾病、衰弱、痴呆等原因而需要帮助和介护的"不健康状态"之间的寿命年数。

日本人的平均寿命是男性81岁、女性87岁,但日本人的"健康寿命"是男性72岁、女性74岁。因为,人并不是自始至终都能一直保持健康的。

需要被介护的时刻总有一天会到来。

介护保险制度从2000年开始实施,但只需负担1成费用的现行制度恐怕难以长期维持,负担费用增加的一天将不可避免地到来[1]。现在,虽然费用便宜的介护保险设施"特别介护养老院"在

---

[1] 译者注:至2020年,介护保险制度的个人负担额已在历经几次修改之后,根据收入高低的不同,分别有个人负担1成、2成以及3成的不同情况。

日本全国大约有9700家，但即便是这个数字也无法满足现实需求，实际上需要排队几年后才能等到入住。在这种现实情况下，无奈只能选择民间的"服务型高龄者住宅"（面向老年人的服务型住宅）和"收费养老院"，但其费用都不便宜。

  2014年末，日本发生了一件介护职员杀害3位老年人的事件，因此而备受关注的神奈川县的养老院，其实在事发之前作为一家价格实惠的私立介护场所是很受欢迎的。不需要交入住保证金，并且房租仅151,500日元，管理费为34,560日元，伙食费为35,640日元，合计221,700日元。考虑到同等情况下不需要入住保证金的条件，在大城市里一般是没有低于30万日元的。

  但现实情况是，65岁以上的退休老人夫妇可以领取到的平均养老金数额是19万日元，即使夫妇当中只有一个人需要被照顾，那么按他们可以领到的养老金来算，像上述那样价格实惠的介护养老院也是住不起的。所以只能住进专做穷人生意的"无证经营的介护养老院"。这样的介护养老院，一个人10万日元以内就可以了，但是其设施当中没有防火设备，就是在大房间里铺上垫子，大家挤在一起睡，既不卫生环境又恶劣。所以如果想要不需要依赖介护服务，那么就需要健健康康地活到死，而这最重要的就是经常运动，多吃对身体有益的食物，保持身体健康。

收费养老院也是五花八门！

超豪华收费养老院

- 一次性入住保证金　4800万日元
- 每月费用合计　　　30万日元
  - 租金　2万日元（单间40㎡）
  - 管理费　20万日元
  - 伙食费　8万日元
- ※1名工作人员介护2.5位老人
- ※有护士常驻
- ※有康复设施

※位于东京都杉井区的介护养老院

价格实惠的养老院

- 一次性入住保证金　0日元
- 每月费用合计　　　21万日元
  - 租金　15万日元（单间13㎡）
  - 管理费　3万日元
  - 伙食费　3万日元
- ※条件参差不齐

※位于东京郊外的介护养老院

偶尔也会出现虐待、谩骂、暴力等现象

无证经营的介护设施

不干净！　　环境恶劣！

- 一次性入住保证金　0日元
- 每月费用合计　　　10万日元
  - 房租　5万日元（大房间）
  - 管理费　3万日元
  - 伙食费　2万日元
- ※穷人生意的温床

※散布在日本全国各地
※并不是指所有的无证经营介护设施都是不好的

经济小常识

介护行业正慢慢地出现人手不足的问题。与其工作强度相比，工资水平普遍较低，离职率也很高。厚生劳动省认为到2025年会需要240万名介护人员，但可以实现该目标的希望十分渺茫。

9 "教育费"的过度支出，容易造成晚年贫困

对于讨厌学习的孩子来说，即便你强行给他安排一个好的学习环境也没有太大的作用，因为据说在IQ方面，其八成都是由遗传决定的。

只要通过努力学习，就能考上高偏差值的一流大学。大家都想要相信这一点。但如果与学习相关的遗传基因并不优秀，那么为教育所投入的"金钱、时间、精力"也就算是打水漂。

由英国牛津大学研究AI（人工智能）的迈克尔·奥斯本副教授及其研究人员合著，发表于2014年的一篇论文《就业市场的未来——是否会因为计算机化而丢掉工作》给全世界都带来了冲击。因为在美国劳动局所制定的702个职业分类中，有47%的工作将在今后的十年到二十年里被新技术所取代。十年后不仅不再需要出租车和卡车司机，律师和会计师等的大部分分析性工作，医生的诊断性工作均可以由AI来执行，并且这种工作方式将成为主流。不仅是蓝领，连白领的工作也将被剥夺的时代来临了。

　　根据日本教育部的统计数据，学费、伙食费、教材费加上补习班及学习各种技能特长的教育费，如果从幼儿园到大学全部读公立学校，大约需要800万日元。如果高中和大学读私立学校则需要1084万日元，从幼儿园直到大学都读私立学校的情况下则需要2212万日元。这些费用都是以不住宿舍走读上学为前提的。如果加上宿舍的住宿费或是租房子的租金，那就又是一笔额外的负担。

　　美国最新的教育研究发现，在今后，比起人的认知技能，对社会的贡献及经济基础等直接相关的"非认知技能"，在促使人生成功的要素当中更为重要。给予孩子过高的期望，花费大量的资金在教育上，都容易造成退休后养老资金的不足。

一个孩子所需花费的教育费（日本文部科学省数据）

公立幼儿园（3年）	73万日元（私立161万日元）
公立小学（6年）	183万日元（私立985万日元）
公立初中（3年）	142万日元（私立380万日元）
公立高中（3年）	156万日元（私立313万日元）
公立大学（4年）	246万日元总计（私立文科373万日元 / 私立理科442万日元）
总计	800万日元（私立学校2212万～2281万日元）

※ 包含补习班和学习技能特长的平均值
※ 只有高中和大学读私立学校的情况下，需要1084万～1153万日元

在AI社会里"消失的职业"以及"消失的工作"的预想

- 银行融资负责人
- 体育裁判员
- 房地产经纪人
- 餐厅的引导员
- 保险审查员
- 动物饲养员
- 电话接线员
- 工资·福利负责人
- 收银员
- 娱乐设施的接待员
- 赌场的荷官
- 美甲师
- 信用卡批准和审查的工作人员
- 要账人
- 律师助理
- 酒店接待员
- 电话销售员
- 裁缝（手工缝制）

- 钟表修理工
- 税务申报代理
- 图书馆员的助理
- 数据输入的工作人员
- 雕刻师
- 投诉处理、调查负责人
- 会计、审计、监察员
- 检查、分类、采样、测定的作业人员
- 售票员 电影放映员
- 照相机、摄影设备的修理工
- 金融机构信用分析师
- 眼镜、隐形眼镜的技术人员
- 勾兑以及喷涂杀虫剂的技术人员
- 制作假牙的技术人员
- 测量工程师，地图制作技术人员
- 园林绿化和土地管理人员
- 建筑设备的操作员
- 上门推销员、街头报纸销售员、摊贩商
- 油漆工人、壁纸工人

> AI的发展不仅仅会影响我们的日常生活，也会使商业形态发生很大的变化。尤其在机械所擅长的单纯操作等领域，很可能将会发生巨大的变革！

经济小常识

> 世界上学费最贵的国家是美国，仅是公立大学一年的学费就要300万～400万日元，名牌私立大学一年学费在500万日元以上是件很平常的事情。就连前总统奥巴马也是在42岁之前才将自己的助学贷款偿还完毕。

10 不可思议的是"高收入=幸福"的等式并不总是成立的

关于年收入和幸福的相关研究有很多。其中最著名的有普林斯顿大学的丹尼尔·卡内曼（Daniel Kahneman）教授（2002年在行为经济学领域首次获得诺贝尔经济学奖）以及同校的安格斯·迪顿（Angus Deaton）教授（2005年在行为经济学领域获得诺贝尔经济学奖）的研究。

在"年收入和幸福感"这一课题上，他们最终得出的相关结论是"在年收入达到7万5千美元之前，幸福感与收入的增加成正比，但如果年收入水平超过这个数字，幸福感与收入的增加不成正比"。如果按1美元兑110日元来计算，这个分界点的数字大概是825万日元。

当收入的增加超过了某个节点时，即使伴随着可以实现自由消费、自由旅行等生活满足度的提高，但幸福感不会再增加——这个观点最早由美国经济学家理查德·伊斯特林（Richard · A.

Easterlin）教授于1974年在其研究中提出。

　　这一现象被称为"幸福悖论"，是根据人均GDP的增长率和各国人民的幸福程度来推断得出的结论。虽然无论哪一个研究，定义"幸福"本身这件事情都是比较困难的，但都能走向相同的结论。因为工作上赚得越多，与此同时的压力，以及与家人关系的变化所带来的影响也会随之变化，这与经济学的"边际效用递减法则"也应该有着很大的关联。比如喝啤酒，虽然第一杯啤酒的口感非常好，但是喝到第二、三杯的时候，所能感受到的美味的效果会递减。即使过上了富裕的生活，幸福感会随着对该富裕生活的逐渐习惯而慢慢变小。如果买彩票中了1亿日元，当时会很开心，但随后幸福感也会渐渐变淡。这就是心理学的"快乐水车"（Hedonic Treadmill）现象。当向富裕阶层询问"幸福感"相关的话题时，通常会被列举出来的是"和朋友家人的聊天"或者"安静的休息"等极为平凡的日常生活片段。

收入和幸福的关系

〈幸福感和生活满足度〉

幸福感
生活满意度
825万日元

〈年收入和效果〉

效果（幸福度）
年收入
825万日元

第一杯啤酒很好喝！

太好了！彩票中了1亿日元！

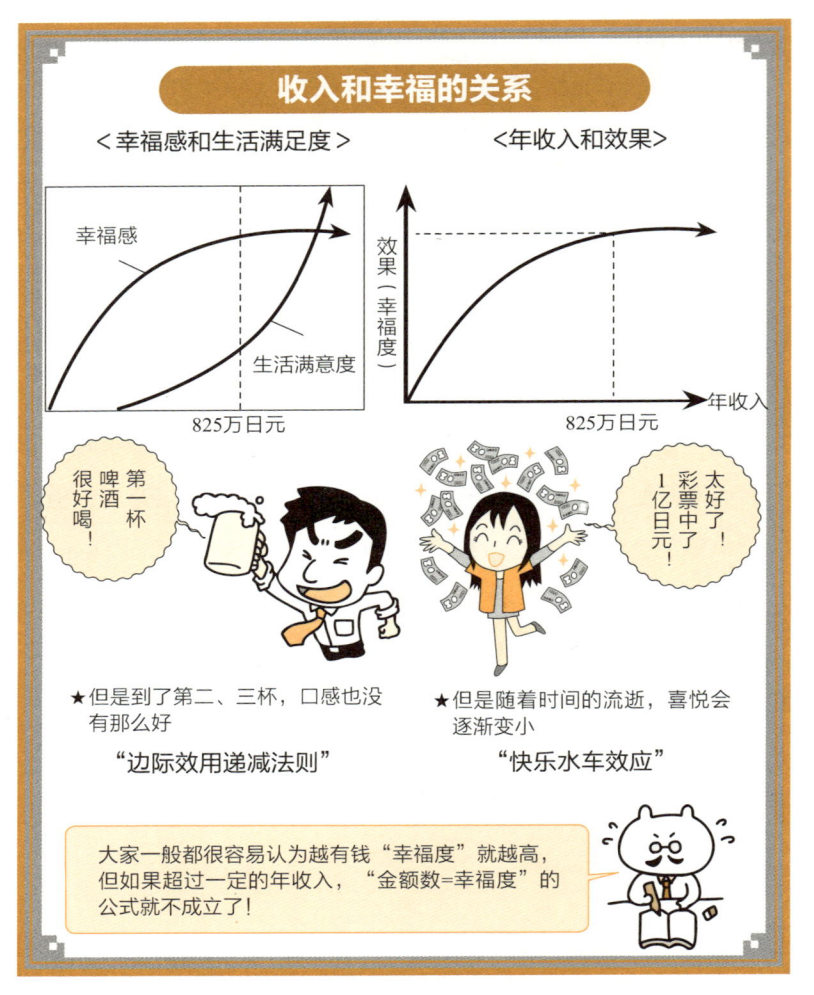

★但是到了第二、三杯，口感也没有那么好
"边际效用递减法则"

★但是随着时间的流逝，喜悦会逐渐变小
"快乐水车效应"

大家一般都很容易认为越有钱"幸福度"就越高，但如果超过一定的年收入，"金额数=幸福度"的公式就不成立了！

生活小便签

这是歌德关于幸福的一些话："你为什么老想去远方？看，美好就在你身边。你只需要学习如何把握幸福。幸福从来就一直在你眼前。"

忍不住想要分享的关于经济的玄机 ③
如何成为一个不需要交税的上班族

作为一个上班族，如果有工资收入，那么理所当然需要交税。

在日本，根据不同的工资水平，工薪阶层每个月的工资中会预先扣除个人所得税（每年年末调整会将多支付的部分返还），以及会一并扣除基于上一年度收入总额所计算出的居民税。同时，社会保险费（健康保险、养老金、雇用保险、40岁以上的介护保险）也都会从每个月的工资中悄无声息地扣除掉。虽然家庭成员的构成不同[1]，扣除的税金也不尽相同，但即便有1000万日元的年收入，到手的大概也只有700万日元。

那么，到底什么样的人才能够实现虽然是工薪族却不需要纳税呢？事实上，几乎完全不需要交税的工薪族只有非常非常少的一部分人，但是能把所交税金的大部分都拿回来的人却不在少数。

---

[1] 译者注：家庭人口数，配偶是否属于抚养等家庭成员构成的不同，税金减免的额度会有所不同。

要想拿回被多征收的税金，必须在第二年的3月15日之前，向税务局申报前一年的收入。因为是将所交税额退回的申报，所以这也叫作"退税申报"。为什么能以税金被超收的形式来申请退税呢？这是因为，工薪族如果在其他方面，比如房地产投资，或者副业等其他事业上出现赤字的情况下，可以和工资的损益合并计算，然后抵消掉一部分工资所得来实现减少纳税的金额。

如果是房地产投资，建筑物本身就不用说了，电气、煤气、自来水设备等都可以进行折旧处理。折旧实际上是不出钱的，但是可以把这些项目每年贬值的部分计入费用里。此外，建筑物部分的贷款利息、固定资产税等税金和公共费用（第一年度还可以再加上房产购置税）、修缮费、修缮公积金、管理费、往返的交通费、给房地产公司的手续费、广告费等各种经费也可以从年房租收入中扣除。这样处理的结果就是，最初几年的房地产投资收入就会变成赤字。如果把这个赤字部分从其他收入（工薪族的话就是工资收入）中扣除，整体收入就会被压缩，结果就是，每个月预扣掉的税金就会变成超额征收，所以已经支付的税金就可以申请返还。副业的情况也是一样。越是工资收入高的人，越是会通过这样的退税申报来拿回被过多征收的税金。

如果是赤字的话自然是不用交税的，所以折旧费用计算非常重要。此外也可以通过扩大经费支出来实现减税。

有效利用总损益的案例

房租收入

※首付300万日元购入二手公寓（贷款1300万日元，固定利率3.5%），正在出租

经费（180万日元）
- 折旧费（建筑物和设备）
- 利息费（仅限建筑物）
- 管理费/修缮公积金
- 税金（固定资产税等）
- 修缮费/交通费
- 广告费/杂费

※从年租金收入140万日元中减去上述成本的话，会出现40万日元的赤字。这种情况下所得税税率为20%的人可以申请退还8万日元。

副业

※独立个体经营型副业的案例

经费（150万日元）
- 房租、光热费（按家分摊）
- 电脑费
- 通信费（包括运费）
- 交通费（汽油费等）
- 研究费（书籍等）
- 广告费
- 交际费

※从年租金收入120万日元中减去上述成本的话，会出现30万日元的赤字。所得税税率为20%的人可以申请退还6万日元。

进一步压缩！

- ※抚养扣除（六等亲以内）
- ※购房扣除（住房贷款余额的1%）
- ※医疗费扣除（家庭每年10万日元）
- ※捐款扣除（捐款金额−1万日元）
- ※杂费扣除（被盗、白蚁灾害等）

小专栏 ③

外表的"好坏"影响人一生的收入

很多人都会发现,美女和帅哥在生活中总是很有优势。相貌出众的人,会很容易引起别人的关注,周围的人也会对其很关照,即便这算是经验谈,我们也都知道确实是如此。得克萨斯大学的丹尼尔·哈默梅什(Daniel S. Hamermesh)教授将外表的好坏与收入的关系进行了数值化(《美貌差距》东洋经济新报社/2015)。其研究发现,颜值高于平均水平的女性,其收入比女性平均水平高8%,颜值低于平均水平的女性,其收入比女性平均水平低4%,女性外貌的美丑所导致的收入差距竟然可以高达12%。另外,颜值高于平均水平的男性,其收入比男性平均水平高4%,颜值低于平均水平的男性,其收入比男性平均水平低13%。帅哥和丑男的收入差距竟然惊人地达到17%。虽然美国肥胖人口偏多,而且美丑的标准也不大相同,将这个结论直接套用到日本可能有点困难,但该结论暗示着,考虑到一辈子的收入,颜值低的男性要比颜值低的女性悲惨很多。这着实是一件可怕的事情。

第 4 章

说不出口的经济疑问大解答

疑问

1 为什么特朗普总统[1]要发动贸易战争？

美国在20世纪70年代以后，就持续出现经常性的贸易赤字。受到2008年金融危机影响，贸易赤字曾出现暂时性的缩小，但之后还是继续扩大。贸易赤字虽然是指一国进口额比出口额大的现象，但由于美国的货币坚挺，其经济良好所带来的消费活跃也是形成贸易赤字的一部分原因。同时，贸易赤字虽说名为赤字，但并不是向其他国家借钱。可是时任美国总统特朗普认为贸易赤字抑制了美国的经济增长，这是其讨厌贸易赤字的原因所在。确实，在被称为"美国铁锈地带"（传统工业衰退地带）的工业地区，由于受到便宜的进口产品的挤压，当地的制造业无法存活。

---

[1] 译者注：现任美国总统为民主党人乔·拜登，于2021年1月20日正式宣誓就任。原著出版时特朗普总统还在其任期中。

特朗普总统在中期选举演说中承诺，要为这些地区的劳动者找回失去的工作岗位。那么为了实现这个目标，需要将制造业移回美国。美国面对占到美国贸易赤字近一半的中国，为了减少美中贸易赤字而征收高额关税，并以此为起点发动了中美贸易战争。

减少贸易赤字的方法，只有减少进口或者增加出口。但是，如果为了减少进口而对进口商品征收高额关税，进口商品的价格将上涨，最终也会对美国的消费者产生影响，消费减速就会造成经济降温。另外，相互征收高额关税会减少世界的贸易量，从而使经济停滞不前。这只不过是第二次世界大战诱因之一的闭锁集团经济区的重新上演。究竟为什么特朗普要发动贸易战争，众说纷纭，其真相还是个谜题。

特朗普除了为兑现其2018年11月中期选举时的承诺，还妄图在知识产权和高科技领域给中国以沉重打击，这些或许都可以理解为其发动贸易战争背后的原因。

美国的贸易赤字对象国

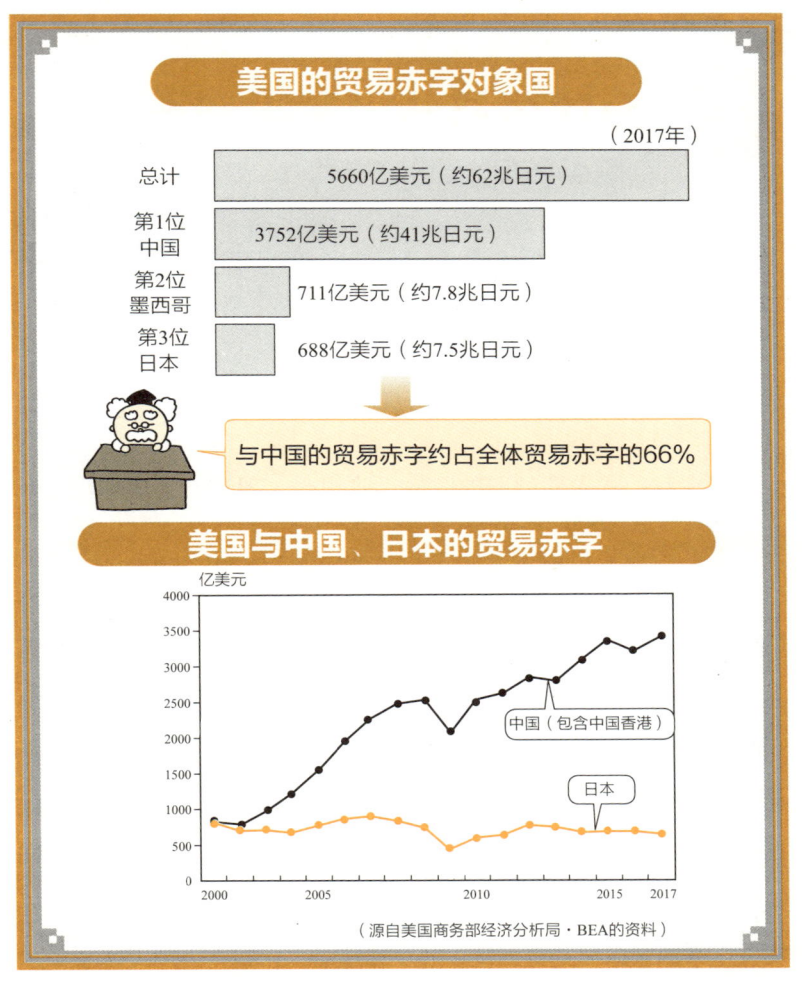

（2017年）

总计	5660亿美元（约62兆日元）
第1位 中国	3752亿美元（约41兆日元）
第2位 墨西哥	711亿美元（约7.8兆日元）
第3位 日本	688亿美元（约7.5兆日元）

与中国的贸易赤字约占全体贸易赤字的66%

美国与中国、日本的贸易赤字

亿美元

中国（包含中国香港）

日本

（源自美国商务部经济分析局・BEA的资料）

经济小常识

英国经济学家大卫・李嘉图（David Ricardo）所宣扬的"比较优势贸易理论"可以让自由贸易发扬光大。其中的原理是，让各国都专注于各自擅长的生产领域，之外的产品都通过贸易来获得，这对每个国家来说都是有好处的。

2 为什么积分卡会得到普及？

现在我们买东西结账的时候，收银员一般都会提醒你出示积分卡。

为什么积分卡能够达到这种程度的普及呢？对商家而言，最大的好处就是能留住客人。同时还可以避免陷入与竞争对手进行低价竞争的消耗战。

另外，在某些情况下，还可以把商品价格调高到包含积分本身部分的价格之上，然后通过额外赠送10个积分等来强调其高积分返还率。此外，还可以进行以特定日期5倍积分等为噱头的商品促销。如果返还的积分多，那便会让客人产生非常划算的错觉，这样便可以更加刺激消费。另外，在企业战略上，积分卡的导入用于市场营销方面的作用也很大，因为可以通过积分卡了解到顾客都买了什么。

如上所述，正是因为对于商家的好处很大，所以积分卡的普及很容易就实现了。在积分卡行业里，以各占半壁江山的共通积分卡

"T卡"和"Ponta卡"最为有名，分别有5000万以上的注册会员，其收集到的市场信息也会提供给企业。对于顾客而言，即使只有1%的积分率，如果在同类店铺或是积分卡共通的店铺购买商品，那么就可以获得积分。这样一来消费者会有"积少成多"的感觉，进而会更频繁地使用特定的积分卡。

　　顺便需要提到的是，积分卡有着不可思议的让人感觉占了便宜的神奇效果。比如买了40万日元的电视，商家赠送10%的积分，消费者就会感觉好像是赚了4万日元，于是就会产生冲动用这4万日元购买其实并不需要的周边电器。而如果消费者从一开始就得到4万日元折扣以实际支付36万日元的价格买到电视的话，应该不会产生想去购买其他东西冲动消费的念头，所以积分卡反而刺激了消费。

积分卡对商家的好处很大!

稳定顾客群
让顾客只想在有积分的店铺里购买商品

防止降价
通过积分累积手段，达到即使不降价也能让顾客觉得物超所值的效果

与竞争对手的差别化
诱导消费者在能用其积分卡积分的店里买东西

提高价格
在让消费者感觉可以获得很多积分的前提下，进行商品价格上调

获取顾客信息
是谁，在什么时候、买了什么商品。这些与顾客相关的信息都可以通过积分卡实现收集

促进商品消费

（促进冲动和浪费！）

那么，顺便用这4万积分把新的电视柜也一起买了吧……

哇！买40万日元的电视，就可以得到4万的积分哦！

经济小常识

近年来，还普及了另外一种作为笼络顾客行之有效的方法，那就是会员制的每月定额制消费（subscription）服务。通过这样的战略，如果能留住回头客，那么就能够保持竞争优势。

3 为什么生活保障金的支付总额会持续上升？

领取生活保障金的家庭在持续增加，当然支付总额也在不断上升。2017年领取最低生活保障金的家庭达到164万户，领取者总数达到214万5415人。也就是说，在日本每58人中就有1人处于领取生活保障金的状态。

生活保障金的支付总额在2017年是3兆8404亿日元，当然，这个金额还会继续上升。为什么领取最低生活保障的家庭数和支付总额一直在持续增加呢，其根本原因在于日本人口的老龄化。

在日本的老年人家庭中，不领取生活保障金就无法生活的家庭在不断增加，实际领取生活保障金的家庭里有大约一半是65岁以上的老年人家庭。另外，生活保障金是由8方面的补助构成，而支付总额中大约一半是属于医疗补助。生活保障制度是由日本的宪法第25条所规定，保障"健康、文化上最低限度的生活"，并促进其进行独立生活的制度。也就是说，有能力工作的人会被要求去工作，政府机关的工作人员会频繁地进行访问检查，并时不时地会抛出"生活保障金到××月为止将结束"这样的催促。

　　但是事实上，也有很多老年人无法享受这种生活保障制度，被迫过着比生活保障水准更低水平的生活。造成这种现象的原因是申请生活保障制度的前提条件是申请人基本上不拥有储蓄、人寿保险、汽车以及住宅等资产。因此，拥有资产的人，如果不将其变卖掉并将其花光，那么就不符合生活保障金的支付条件。另外，有负债的人在个人破产之前也不能领取。因此，有很多老年人即使想领取也无法领取（高龄者中有6成是拥有自己的房子的）。此外，有很多人不愿申请生活保障的另外一个原因是，他们不愿意接受资产调查或对其三等亲以内的亲属进行所谓的"抚养询问"。因此到了老年，贫困的人越来越多。

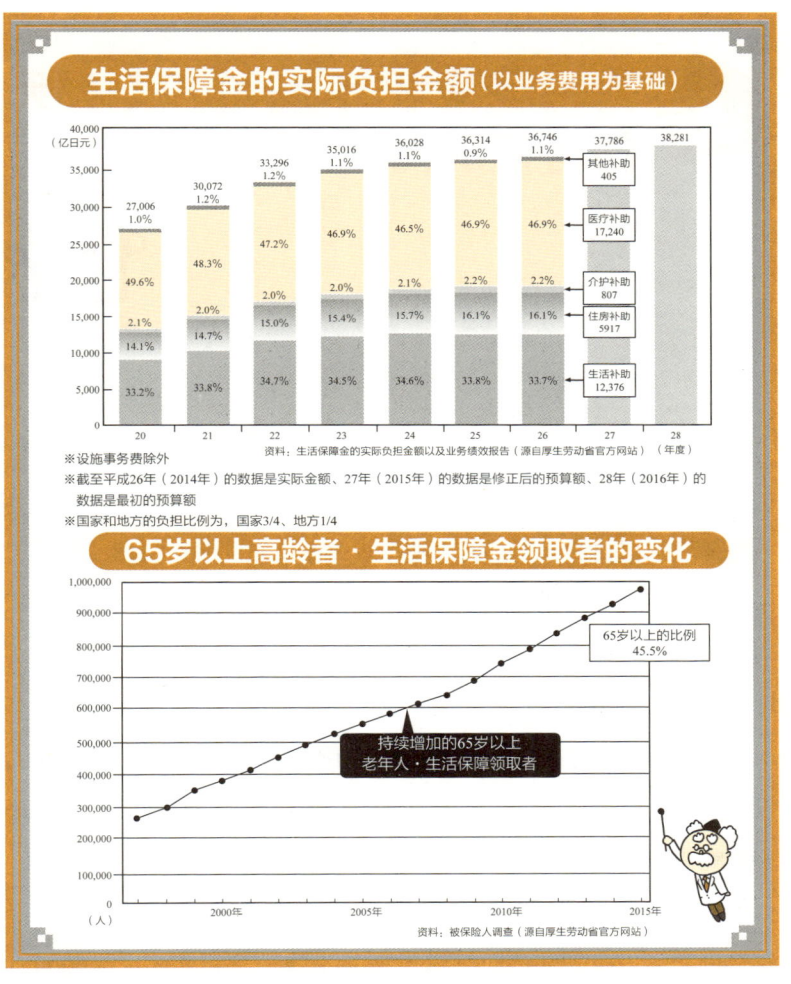

生活保障金的实际负担金额（以业务费用为基础）

年度	20	21	22	23	24	25	26	27	28
合计（亿日元）	27,006	30,072	33,296	35,016	36,028	36,314	36,746	37,786	38,281
其他补助	1.0%	1.2%	1.2%	1.1%	1.1%	0.9%	1.1%	405	
医疗补助	49.6%	48.3%	47.2%	46.9%	46.5%	46.9%	46.9%	17,240	
介护补助	2.1%	2.0%	2.0%	2.0%	2.1%	2.2%	2.2%	807	
住房补助	14.1%	14.7%	15.0%	15.4%	15.7%	16.1%	16.1%	5917	
生活补助	33.2%	33.8%	34.7%	34.5%	34.6%	33.8%	33.7%	12,376	

资料：生活保障金的实际负担金额以及业务绩效报告（源自厚生劳动省官方网站）

※设施事务费除外
※截至平成26年（2014年）的数据是实际金额，27年（2015年）的数据是修正后的预算额、28年（2016年）的数据是最初的预算额
※国家和地方的负担比例为，国家3/4、地方1/4

65岁以上高龄者·生活保障金领取者的变化

持续增加的65岁以上老年人·生活保障领取者

65岁以上的比例 45.5%

资料：被保险人调查（源自厚生劳动省官方网站）

经济小常识

虽然生活保障金的支付额会因地区和家庭构成的不同而不同，但在支付额度最高的东京，单身家庭约13万日元，夫妇2人家庭约18万日元，单亲加子女1人的家庭约20万日元，父母子女一家4口的家庭约26万日元。

4 为什么房租年入7000万日元的房东反而很危险？

如果我们随便去书店的不动产投资专区走一圈，自诩"仅靠房屋租金的年收入高达7000万日元"之类的上班族房东书籍经常会陈列在那里，而且也有人在投资不动产后的短短几年内就高调宣称实现拥有"资产10亿日元"，这真是太让人吃惊了。也许正是因为有很多这样的书籍存在，才不断有人会相信"南瓜马车"合租公寓的投资骗局，会被"零首付·不需要拥有土地也可以通过经营公寓来积累晚年资产"这样的宣传所吸引。

不动产投资是一个只有安全到达终点才能称得上是成功的投资。例如，投资了一栋回报率为7%的公寓，房租年收入为7000万日元，还完贷款后的年现金流若为50%，一年也只不过有3500万日元的税前收入。即使将3500万日元的现金流全部用来还银行贷款，那么要还清10亿日元贷款也需要28年的时间。而且在还完贷款之前都不能称之为成功。

对于这样的人，我们只能认为他所骄傲自满的是"累累负债"，因为现金流超过了做普通公司员工的年收入而离职，然后自以为是地认为自己是"富豪房东"，这才是令人担心的地方。

35年房贷完全还清后，才可以说是拥有了10亿日元的纯资产，但是在自以为是的富豪房东当中，有很多都还奔波在偿还超额债务的路上。

如果今后空房的增加导致入住率下降，或是浮动利息提高，这些富豪房东就会濒临破产。在其大部分资产都是负债的情况下，是不能称之为纯资产的，所以，与其说是资产，不如说"债台高筑"可能更为恰当。

因为不动产投资的投资金额非常大，贷款是必不可少的，但过大的债务会伴随着漫长的期限而存在巨大的风险，很有可能最终会失控。

羡慕并期望成为富豪房东是很危险的！

我一年的房租收入有7000万日元。拥有10栋公寓，110间房，总资产达10亿日元！

仅仅一个月的房租收入就有583万日元。因为这个数字远远超过了做一个普通员工的工资收入水平，所以就辞了工作，过着悠然自得的生活。

然而实际情况是……

- 公寓贷款10亿日元
- 年偿还金额4788万日元（利息3.25%的35年房贷）每月偿还399万日元
- 年现金流为3500万日元（偿还比例为50%的情况下）

这里会被扣除相当多的税金

危险因素

- 空房率上升导致偿还危机！
- 以浮动利率借入贷款的情况下，会因利率上升而陷入危机！
- 地震和房屋损伤的风险！
- 自杀、事件、事故等导致空房比例增大的风险！

经济小常识

对于需要巨额贷款的不动产投资而言，由于其收益率是至关重要的因素，所以大部分不动产投资的对象都是二手房。在房租收入的收益率为15%以及贷款利息为3.5%的情况下，会产生11.5%的利润差。这才是不动产投资魔幻的地方。

5 为什么日本警惕日元升值，欢迎日元贬值？

日本政府不喜欢日元对美元升值，而对日元贬值持非常积极的态度。日元如果贬值，那么日本产品就会变得比较便宜，这样可以卖得更多，出口增加了也会促进企业的股价上涨，但与之相对的进口商品会变贵，对消费者来说是非常不利的。

去海外旅行的时候，如果日元贬值，此时在海外的购物也会相对比较贵。

那么为什么日本货币兑换外国货币的价格，会时高时低呢？

汇率是在外汇市场的货币买卖兑换交易中成立的价格。这既是银行间的交易市场，也是全世界24小时通过网络连接着的市场。国家和国家之间进行贸易或者金融交易时，会产生款项结算的需求。世界上流通最多的货币是美元，其次是欧元。曾经的汇率是以1美元兑换360日元的固定汇率进行交换的，但是1973年2月以后变成了现在的浮动汇率制。固定汇率无法稳定货币的供需平衡，在国际收支上容易产生不公平的现象。而决定汇率的主要因素是各国货币的利率水平。如果美国的利率上涨，那么用美元进行资本运作会比较有利，所以此时美元会被大量买入，与此同时美元会升值。日本因为持续实施大规模的货币宽松政策，日元的利息非常低，所以日元贬值的倾向更大。

　　除此之外，由于日元贬值导致的出口增加，以及将赚来的美元再换成日元的举动，会导致贸易收支的盈余越来越大，从而容易促使日元升值。

　　近年来，为了尽量避免遭受汇率急剧波动的影响，通过预约汇率来抑制汇率波动的风险，以及不再把海外赚来的美元兑换成日元，而是直接在海外运作美元等来缓和汇率冲击的举措也变得越来越盛行。

日元兑美元的汇率变化

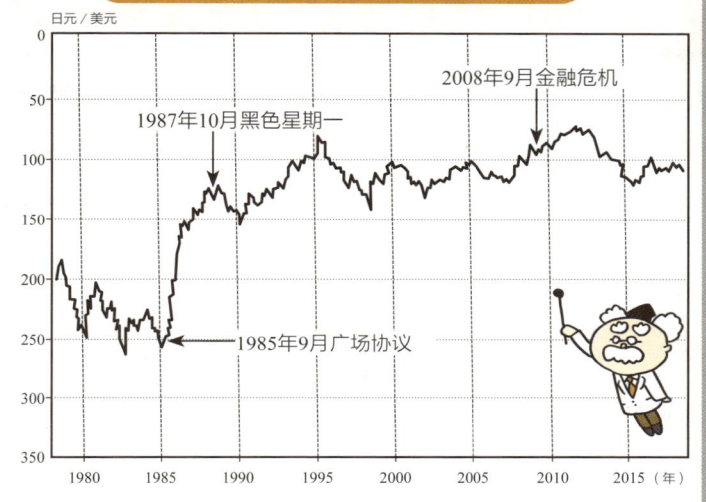

日元/美元

- 2008年9月金融危机
- 1987年10月黑色星期一
- 1985年9月广场协议

曾经日元兑美元的汇率是360日元兑1美元的固定汇率，但在1973年导入浮动汇率制以后，汇率就开始随着各国利率水平的变化而波动。

日元贬值则股价会显示出上涨的趋势。这和日本的贸易收支有很大的关系。因为可以导致出口增加的日元贬值，对日本是有利的。

经济小常识

1971年的尼克松冲击（Nixon Shock）之后，1美元兑360日元的固定汇率变成了1美元兑308日元；1973年导入浮动汇率制度以后，汇率的浮动范围为250～300日元。1985年"广场协议"结束后，日元迅速升值到1美元兑160日元的高位。

6 为什么日本的GDP停滞不前？

GDP（国内生产总值）是指日本国内新产生的附加价值的总和，是衡量日本国内生产了多少物品和服务的一个指标。

然而日本的GDP从90年代后期开始，几乎没有增长，时好时坏，起起伏伏，基本停留在500兆日元左右。与日本的状况相反，美国和中国GDP均有显著增长，且涨幅是一目了然的，德国、法国、英国等国家的GDP增长虽然缓慢，但也仍保持增长。这种趋势在人均GDP的增长率上也是一样的。

因为只有日本的GDP停滞不前，所以曾在1995年占到世界比重18%的日本GDP，在2018年的预测比重中缩小到了5.2%。由此可以看出，日本经济的增长几乎停止了，但导致这种现象的原因是什么呢？可以列举出来的原因之一就是，占GDP60%的国内消费因为通货紧缩而无法复苏。这与实际工资没有增加也有关系。消费税率的上涨也导致可支配收入的减少。也就是说国民的钱包越来越扁了。另外，15岁到65岁的劳动人口的减少也是一个很大的原因。

80年代的劳动者每年工作2000小时，现在的劳动者每年工作大概1800小时，工作时间大幅减少。于是日本的GDP一直很难上涨，长期处于停滞不前的状态。近年来变得贫穷的日本人，对于二手用品的需求开始旺盛起来，这催生了mercari（俗称煤炉）等跳蚤市场的手机APP的产业，但由于二手用品的买卖没有产生新的价值，所以即便有中介手续费的产生，但也不会计入GDP当中。也许日本的GDP注定会随着人口的减少而不断萎缩。

主要各国名义GDP的变化

（单位：万亿美元）

实际工资指数

（事业规模为5人以上） （2015年平均=100）

年		现金支付总额		固定支付工资	
			去年同期(%)		去年同期(%)
2005年		110.3	1.0	108.7	0.8
2006年		110.2	0.0	108.2	-0.4
2007年		108.9	-1.1	107.6	-0.6
2008年		106.8	-1.8	105.6	-1.8
2009年		104.3	-2.6	104.9	-0.8
2010年		105.6	1.3	106.1	1.1
2011年		105.7	0.1	105.9	-0.1
2012年		104.8	-0.9	105.7	-0.2
2013年		103.9	-0.9	104.2	-1.4
2014年		101.0	-2.8	100.8	-3.4
2015年		100	-0.9	100	-0.7
2016年		100.7	0.7	100.3	0.3
2017年		100.5	-0.2	100.1	-0.2
2017年	Ⅰ期	86.3	-0.1	99.9	-0.3
	Ⅱ期	103.5	-0.1	100.5	-0.1
	Ⅲ期	96.5	-0.6	100.1	-0.2
	Ⅳ期	115.3	-0.1	99.7	-0.3

※实际工资是将名义工资指数除以消费者物价指数（除去拥有房屋的估算租金之外的综合指数）而计算出来的（源自厚生劳动省的相关资料）

虽说经济行情变好了，但实际工资却没有增加，这就是真实的现状。

经济小常识

根据高盛的预测，2030年的GDP排名依次为中国、美国、印度和日本，2050年则依次为中国、美国、印度、巴西、印度尼西亚、墨西哥、俄罗斯和日本。

7　三大银行的体制缘何产生？

日本在经历了20世纪80年代后半期的泡沫经济，以及泡沫经济的崩溃之后步入了90年代，90年代的金融行业处于对泡沫经济崩溃进行善后处理的巨大混乱之中。因所持股票和土地价格的下跌而产生了大量坏账的银行，此时为了能够生存下去，不得不想尽各种办法。由于受土地本位制思想的影响，信贷审查极度宽松，大量的融资申请很轻易就通过了审查。而在证券行业中，为了弥补投资损失而挪用公司资金、隐瞒巨额不正当交易损失等问题都浮出了水面。另外当时的日本政府、日本银行、财务部以及金融机构的暗中串通也是一个很大的问题，金融行业的思维被迫从一直以来的保护政策向竞争原理转换。这就是日本版的号称"金融大爆炸"的日本金融改革的开篇。1993年开始执行BIS[1]协议，随后1994年的利息自由化，1999年的股票买卖手续费自由化，2002年开始准备解除存款保

---

[1] 译者注：国际清算银行，Bank for International Settlements。

险制度，2004年解除银行涉足证券中间商的禁令等，大规模的金融改革一直在不断进行着。因此，竞争激烈的金融行业迫切地需要通过并购来扩大资产规模，强化信用力。伴随着规模的扩大，每位员工成本的降低都会带来利润的上升。如果将同一地区相互重复的分店进行合并，同时也可以提高效率。

如果能巧妙地利用业务合作伙伴之间的不同，以及所擅长业务之间的不同，便可以同时强化银行自身的竞争力。出于这样的考虑，以金融控股公司的形式诞生了4大金融集团（三菱东京、三井住友、瑞穗、UFJ），并与RESONA[1]、中央三井信托一起，最终重组为6大集团。但是，由于在2003年的金融厅检查中UFJ集团被发现有隐瞒不良债权，所以被认为其无法实现管理改善。

后来发展的结果就是，UFJ于2005年10月被三菱东京集团合并，最终成为现在的三菱UFJ、三井住友、瑞穗3大银行体系。

---

[1] 译者注：理索纳银行。

三大金融集团的形成（重组简图）

＜三菱UFJ金融集团＞

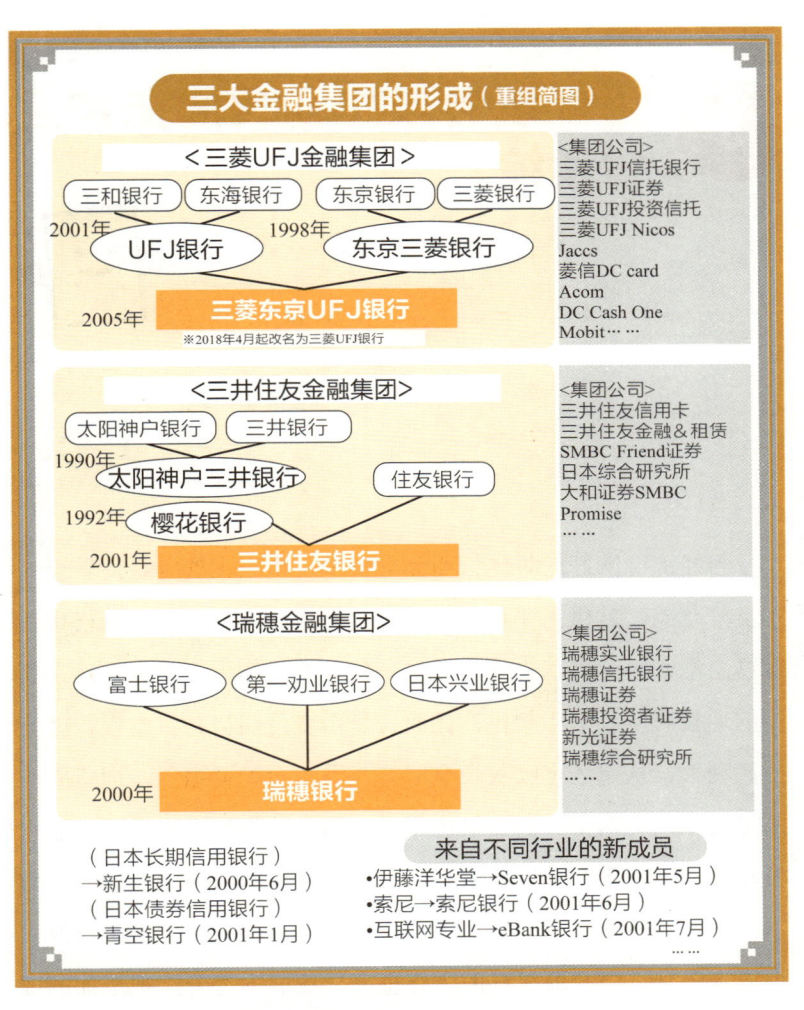

- 三和银行 + 东海银行 → UFJ银行（2001年）
- 东京银行 + 三菱银行 → 东京三菱银行（1998年）
- UFJ银行 + 东京三菱银行 → 三菱东京UFJ银行（2005年）

※2018年4月起改名为三菱UFJ银行

＜集团公司＞
三菱UFJ信托银行
三菱UFJ证券
三菱UFJ投资信托
三菱UFJ Nicos
Jaccs
菱信DC card
Acom
DC Cash One
Mobit……

＜三井住友金融集团＞

- 太阳神户银行 + 三井银行 → 太阳神户三井银行（1990年）
- 太阳神户三井银行 → 樱花银行（1992年）
- 樱花银行 + 住友银行 → 三井住友银行（2001年）

＜集团公司＞
三井住友信用卡
三井住友金融＆租赁
SMBC Friend证券
日本综合研究所
大和证券SMBC
Promise
……

＜瑞穗金融集团＞

- 富士银行 + 第一劝业银行 + 日本兴业银行 → 瑞穗银行（2000年）

＜集团公司＞
瑞穗实业银行
瑞穗信托银行
瑞穗证券
瑞穗投资者证券
新光证券
瑞穗综合研究所
……

（日本长期信用银行）
→新生银行（2000年6月）
（日本债券信用银行）
→青空银行（2001年1月）

来自不同行业的新成员

- 伊藤洋华堂→Seven银行（2001年5月）
- 索尼→索尼银行（2001年6月）
- 互联网专业→eBank银行（2001年7月）
……

经济小常识

2017年末的世界银行总资产排名顺序依次为中国工商银行，中国建设银行，中国农业银行，三菱UFJ金融集团，中国银行，摩根大通和汇丰银行。

8 为什么会发生通货膨胀和通货紧缩？

当经济行情好的时候，商品会畅销，市面上的资金周转会处于良好状态。就供需平衡而言，因为需求旺盛，商品的价格也很容易上涨，而这种状态一旦过热，就会变成物价上涨，也就是所谓的通货膨胀。由于相比商品而言货币变得弱势，日本银行就会提高利率，从市场上吸收资金回笼货币（金融紧缩）。通货膨胀的主要原因有两个：商品供应跟不上需求的高涨而引发的"需求拉动型通货膨胀"，以及由于商品生产成本的上升而引起的"成本推进型通货膨胀"。发达国家中以后者居多，人手不足导致人工成本上升，以及原材料的争夺也会导致成本上升。把增加的成本转嫁到商品价格上，商品价格也就跟着上涨。

相对地，通货紧缩则完全相反。战后的日本，高度经济成长期的通货膨胀经济持续了很长一段时间。20世纪80年代后半期泡沫经济破裂后，90年代经济陷入崩溃，然后日本陷入了通货紧缩周期。

与通货膨胀不同,通货紧缩是货币的价值上升,商品和服务的价值下降的经济现象。就供需平衡而言,由于需求很弱,企业为了防止商品和服务的滞销,就会选择降价销售。

如果东西和服务卖不出去,其价格就会一点一点地下降(螺旋式通货紧缩)。这最终会波及员工,导致削减工资或者解雇。

安倍经济学认为,如果使整个社会发生通货膨胀,那么经济形势将得到改善。安倍经济学正是以此为理论基础而开始的经济政策。

因为狗开心的时候会摇尾巴,所以如果强迫它摇动自己的尾巴,那么估计狗也会很高兴,这就是所谓的安倍经济学理论。然后日本银行通过大规模的货币宽松政策向社会提供了海量的资金。但是,通货膨胀尚未产生,诸如零利率等的副作用已经开始令人担忧了。

通货膨胀和通货紧缩的结构

经济蓬勃发展,需求超过供给

由于工资和原料的高涨,费用扩大

→ 通货膨胀
物价持续上涨

商品

物价持续下跌
← 通货紧缩

产品价格下降导致销售额减少

为了生存下去,削减员工的工资以及裁员

由于对前景的不安,进一步控制商品消费

♠ 通货膨胀 = 钱的价值下降

原来用100日元就可以买到的苹果

现在要200日元才买得起

♣ 通货紧缩 = 钱的价值上升

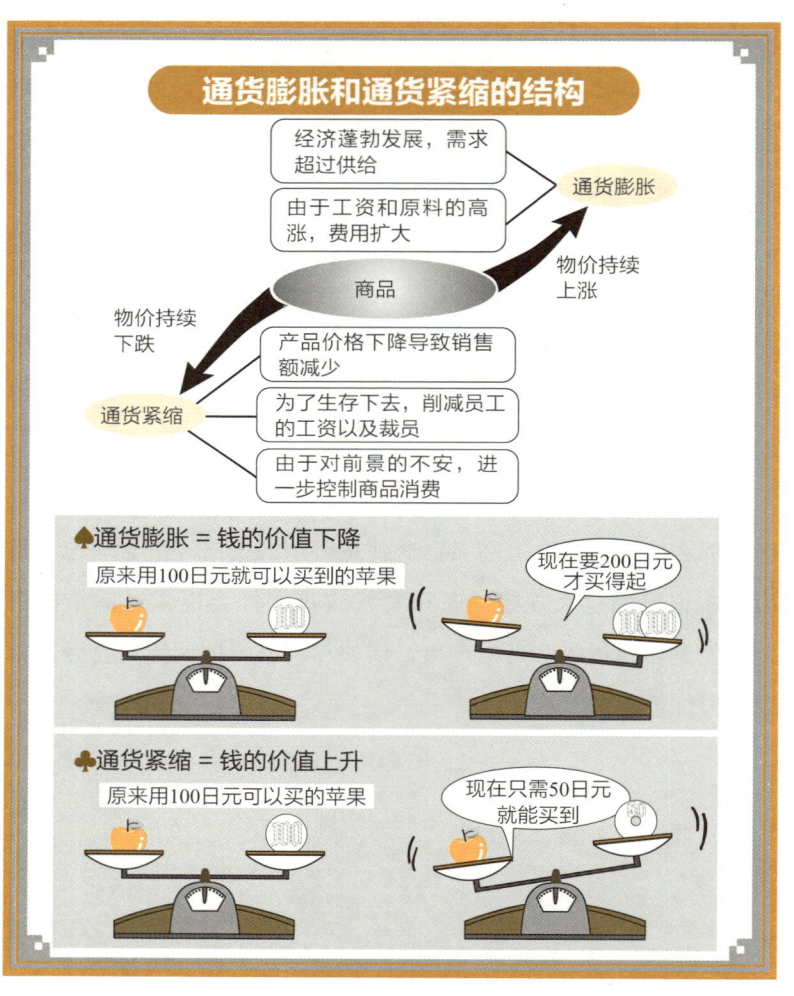

原来用100日元可以买的苹果

现在只需50日元就能买到

经济小常识

通货膨胀的时候,存在银行的钱价值会下降,所以用黄金和房地产等实物资产来代替存款就是对抗通货膨胀的一种对策。而通货紧缩的时候,即使仅仅是将钱存入银行,其价值也不会减少。

9 为什么日本的债务越来越多？

日本政府的债务总额，在2017年末达到了1085兆7637亿日元。政府为了填补财政赤字，每年都要发行国债，债务总额就逐渐增加到了这个数字。

然而有专家认为，国债是以日本国内的日元消化的，即使债务继续增加，也不会有问题。作为一个家庭金融资产有1800兆日元，对外纯资产也有328兆日元的富裕国家，日本是不需要担心的。

相反，也有专家认为，一旦国内的买家（金融机构等）消失，国债就会暴跌（利息暴涨），恶性通货膨胀将使日元大幅度贬值，最终导致国家破产。包括财务省也是，一方面为了提高消费税在国内煽动财政危机感，另一方面却对海外市场宣扬日本的财政健全。那么这两种观点到底哪个才是正确的呢？

可以确定的是，如果无限制地任由债务总额这样增长下去，肯定也是行不通的。债务占GDP的比例于2018年超过了日本战败后的高点200%，达到了236%。

纵观世界历史，没有一个国家可以永远持续增加债务。终将会有某一个时刻国家的信用丧失，恶性通货膨胀袭来，出现货币暴跌等不可预见的情况。

战败后的日本被占领之后，由于急剧的通货膨胀，战时国债也变成了一文不值的废纸。而且日本政府也有通过改用新日元来冻结存款以及引入金融资产税等手段，来剥夺国民财产（存款和土地）用以重建财政的前例。

如果政府不认真考虑"财政收支"的盈余化，就会步入一条"总有一天走向毁灭"的道路。

主要国家的债务与GDP比例

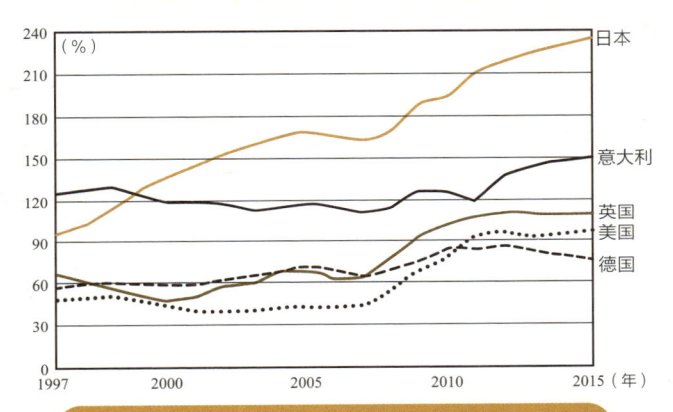

（纵轴：%，横轴：年份1997—2015）

日本、意大利、英国、美国、德国

主要国家的对外纯资产（截至2017年末）

日本	328兆4470亿日元
德国	261兆1848亿日元
中国	204兆8135亿日元
挪威	100兆3818亿日元
加拿大	35兆9305亿日元
俄罗斯	30兆2309亿日元
意大利	负15兆5171亿日元
英国	负39兆6540亿日元
法国	负62兆4874亿日元
美国	负885兆7919亿日元

相对于日本约328兆日元的纯资产，美国的纯资产竟为负的886兆日元，真是一个令人惊讶的数字！

经济小常识

如果日本发生恶性通货膨胀，即使国民持有日元也将变得没有意义。在那个时候国民持有美元、欧元等外币是很重要的。另外，国民持有黄金和钻石等实物也是有效的。

10 为什么开始施行个人号码制度[1]？

2013年5月在安倍政权下通过的《个人号码法》，从2015年发放个人号码通知卡开始，2016年1月进入仅限于税金（所得税·居民税）、社会保障（年金·健康保险·雇佣）、灾害（受灾者台账制作）3个领域的相互"关联"运作。如果向各地方行政机构申请个人号码的话，会收到一张可替代身份证明的带有照片的个人号码卡。

这个制度，实际上其前身为曾经多次导入受挫的"国民统一编号制度"，基于2012年民主党政权提出的法案（政权解散后废弃），并在安倍政权下成为现实。虽然名为"个人号码"之类的听上去似乎让人容易接受的一个名称，但实际上是开始进行一项"国

---

[1] 译者注：虽然日本首相已经更迭为现任岸田文雄首相，但该项制度仍在继续运作和推行当中。

民监视制度"的不良法律。安倍政权为了让该法案成立,通过制造宣传其他发达国家也已经导入了共通号码制度的假象等,使其最终在实际操作上成为现实,但其实那完全是骗人的。

在美国,共通号码制度只限于税金和社会保障的领域,并且是有限定的可选择制。即便如此,也因为信息的泄露导致冒充他人的诈骗犯罪数量急剧增加。英国在2006年导入了可自愿加入的ID卡制度,但政权更迭后,这项恶法被以侵犯个人隐私为由,最终遭到废除。德国和意大利只有适用于税务识别的通用号码。

像日本这样,意图把个人号码与存款连接起来,甚至今后还将增加个人号码与其他各个领域相互"关联"的制度,除了日本的这个所谓的个人号码制度之外,没有其他任何国家这样做。

根据内阁会议决定,从2018年1月开始,将要求在银行账户里自愿提交个人号码。3年后则变为强制性提交。今后在房地产登记信息、医疗信息、工作单位、户籍、家族构成等个人信息也应该会被纳入"相关联"的范围之内。总之,可以说这并不是所谓的为了提高行政服务,而是政府在财政破产时,为了窃取国民财产而进行"冻结存款·向金融资产征税"的事前准备。

个人号码制度是国民监视制度的开始

可怕的未来利用方向

最初是…… 税收　社会保障　灾害

然后

相关联的会继续扩大！

存折

将来

房地产登记　健康保险　医疗信息　工作单位

户籍　户口页　……

★ 国民的个人信息将被赤裸裸地暴露出来！
★ 个人信息泄露以及冒充他人的诈骗犯罪将会增加！

> 个人号码制度是一个用来监视每一个国民的系统。这是一个势必要将所有个人隐私全部公开出来的制度！

生活小便签

关于个人号码的利用有着严格的惩罚制度。但无论多么严厉的惩罚规则，只要是和人有关系，就不可避免地会发生信息泄露并由此产生损失。那么在那个时候就是考虑它存废的最好时机。

忍不住想要分享的关于经济的玄机 ④

为什么明显空置的破旧公寓没有被拆毁而被允许存在呢？

　　走在大街上，经常能看到一些建筑年数很久的破旧公寓。防雨窗关着的无人居住的房间有很多，无人打理并且破败得很显眼的旧公寓。这些破旧公寓被委托给房地产中介进行管理，并且负责招募租客，房地产中介会再三向房东建议："如果不降低租金，或者重新装修让房间变得干净整洁，是没有租客会住进来的。"被委以管理以及招租的房地产中介，如果找不到租客入住，就拿不到5%的房间管理费，如果被委托重新装修，那么除了给承包商实际支付的费用以外，可以额外从房东那里赚取一小部分利润。这类公寓非常破旧，但房租价格却不是那么超级低廉，大多数租户都不会选择这种公寓，所以对于房地产中介公司来说是很麻烦的"累赘房"。最近这类的房东也不少，很多房地产公司都欲哭无泪。

　　对于这样的公寓，为什么明明收不到可观的租金，还要选择放在那里不管不顾呢？可以列举出来的一个原因是，曾经投放在该公寓上的投资成本已经完全收回了。

所以，如果拆除现在的公寓来建造新公寓，那么风险反而会很大。即使是破旧的公寓，也总会有几个入住者的。

而且如果要拆除，和这些公寓中租户的搬迁谈判也很麻烦。如果再被要求支付退房费或者搬家费等费用的话，房东需要掏出更多的钱。更何况即便建一个新公寓，也很难确保在今后有足够的租客。即使在新公寓刚建成的时候能以较高的租金租出去，但是3~5年后已经不是新公寓，那时候如果房租不降价，就又会很难租出去。所以正是考虑到上述这些，房东们才会对那些破旧公寓采取放任不管的态度。

而且，万一拆除公寓之后变成空地，那么在后代继承时，就会丧失"出租房土地"的节税名头。如果一直是空地，税务局对土地的估价大概是市场价的8成，而如果是以"出租房土地"来评估，市价1亿日元的土地能够压缩到大概6500万日元。但税务局如果认定其完全没有租户的情况下，那部分减税的优惠就会被减额。因此，这些公寓会不停地保持招募租户。

> 如果拆除破旧公寓，使之变成空地，那么固定资产税的减税优惠政策就没有了，税金也会因此而变高。

土地价格和继承税

名称	概要	公布	估价
实际价格	实际交易成立时的价格	—	·实际价格（也称为市场价格）
公示价格	国土交通省在每年1月1日以城市计划区域内标准值为基础公布的正常价格	每年三月下旬	·正常价格（原则上为100%） ·实际价格的90%左右
基准地价	都道府县的执政者在每年7月1日发布的所有地区的正常价格	每年九月下旬	·正常价格（原则上为100%） ·实际价格的90%左右
路线价	每年1月1日，国家税务总局将参考上述3个价格公布路线价。没有路线价的地区是按固定资产税的倍率来计算的	每年八月上旬	·公示价格的80% ·实际价格70%～80%
固定资产税评价额	固定资产税征税主体的城乡镇，以每隔3年1月1日的土地价格为基准而制定的评价额	每三年的四月上旬	·公示价格的70% ·实际价格的60%～70%

把实际价格一亿日元的土地估值为只有原价60%的策略（出租房用地的策略）

※如果这片土地上有出租房屋（公寓、小公寓、独院住宅）的情况……

8000万日元 × (1 - 0.6 × 0.3 × 1) = 6560万日元

↑路线价格　↑土地租赁权比率　↑房屋租赁权比例　↑这个便是评估值

※如果进一步运用小规模住宅用地等特例，则该评估金额可压缩至一半以下

小专栏 ④

可以助你一臂之力的"72法则"

截至2018年10月15日，日本具有代表性的银行的普通存款利息为0.001%。即便是100万日元的定期存款，无论是1年、3年还是5年其利息都是0.01%。要想知道这是多么低的利率，可以通过数字"72"来计算出这些利息的相关数值进行判断。72÷0.001=72000，72÷0.01=7200。

这些数值意味着什么呢？那就是在复利计算中，本金翻一倍所需要的年数。普通存款要72000年，定期存款要7200年。

相反，如果年利率为7.2%的复利，本金仅仅需要10年就能翻倍（72÷7.2=10）。如果年利率减半为3.6%的情况下，则需要20年才能翻倍（72÷3.6=20）。记住这个"72法则"就会非常方便。如果收益率大于7.2%，那么可以在10年之内收回投资的本金。所以在进行投资的时候，可以用这个法则进行简单的默算。

第5章 日本所面临的经济危机

问题点

1 日本贫富差距的现状及其问题点

所谓格差社会，是指按照收入或财产等标准使人与人之间产生等级序列，富裕阶层和贫困阶层有明确区分，并且阶层逐渐固化的社会。

在日本战后经济高度成长期的20世纪70年代，当时的大多数日本人都自认为是中产阶级的一员，那曾是一个"1亿中产阶级社会"的幸福时代。

但在经历过80年代后半期的泡沫经济崩溃、90年代的经济危机后，随着经济全球化的发展，日本社会的贫富差距不断扩大。全球化实质就是在全世界范围内展开的激烈的经济竞争。

在低薪资的国家进行以降低成本为目的的生产活动，是为了在这个全球化的世界中生存下去。

因此，在日本国内的企业管理中，人事费的压缩也就成了当务之急。企业通过减少正式员工，增加可以随时解雇并且工资低廉的非正式员工来降低成本。这是导致低工资的贫困阶层迅速增大，并形成格差社会的主要原因。

贫富阶层的固化是格差社会的问题所在。出生于贫穷家庭的孩子因为无法接受高等教育，所以只能成为低价劳动力。也就是说，贫困阶层的孩子，其一辈子都将在贫困中度过。

贫困世代传递，既不会有公平竞争也不会得到平等的机会，可以说就是这么一个等级社会。

要消除这样的格差社会，税收和社会保障的再分配政策就显得尤为重要。作为测量贫富差距程度的指标有"基尼系数"，它越接近0，收入的分配就越平等，而越接近1，则意味着越不平等的格差社会。

发达国家的基尼系数

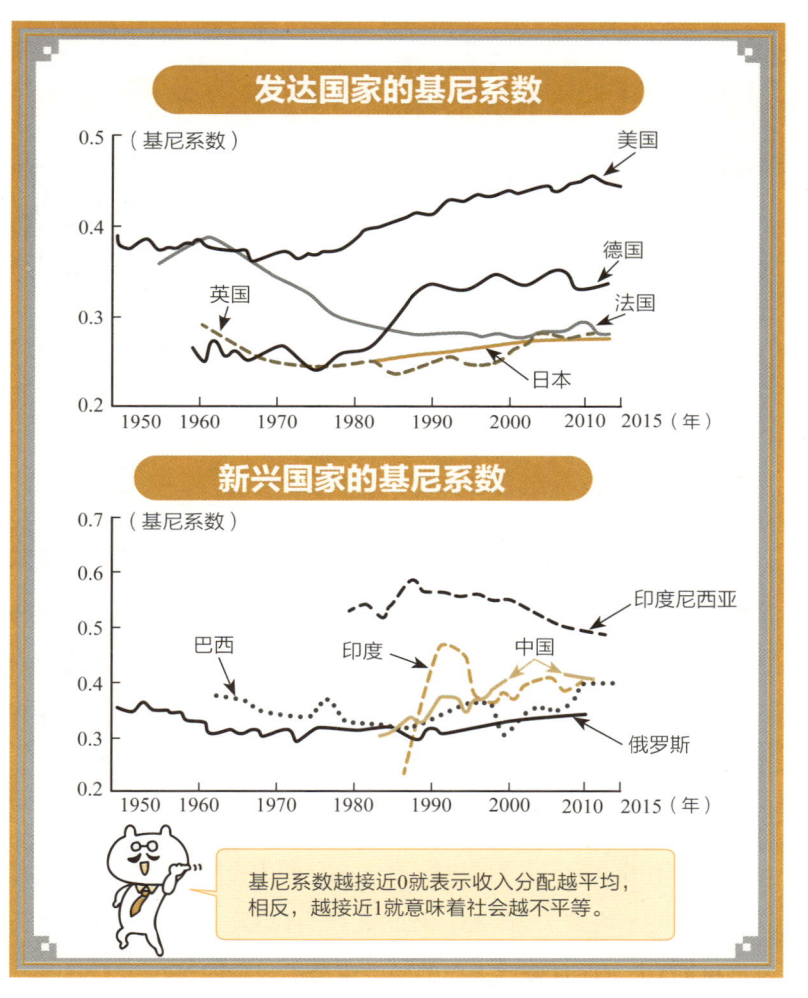

（基尼系数）
- 美国
- 德国
- 英国
- 法国
- 日本

新兴国家的基尼系数

（基尼系数）
- 印度尼西亚
- 巴西
- 印度
- 中国
- 俄罗斯

基尼系数越接近0就表示收入分配越平均，相反，越接近1就意味着社会越不平等。

经济小常识

贫困有"绝对贫困"和"相对贫困"之分。前者是指缺乏食物、住房等最低生存条件的状态，后者是家庭收入不足该国所有家庭收入的中位数一半的状态。

2. 少子高龄化的日本所面临的问题是什么？

少子高龄化指的是，日本出生率低下所导致的新生孩子数量减少的同时，日本人长寿导致老年人增加的情况。在日本，由于这两个现象同时发生，总人口和劳动人口都在逐年减少。有观点认为少子化的原因与经济因素、待机儿童的问题[1]、女性的就业问题等有着很大的关系，高龄化则与医学的进步以及饮食生活的提高有很大的联系。

2017年出生的婴儿数为94.6万人，总和生育率（女性一生生育孩子数量的平均数）为1.43。死亡人数为143万人，人口自然增长为负39.4万人。而且今后人口的减少将会进一步加速。

---

[1] 译者注：待机儿童指的是，在日本，对于有被保育资格的儿童，即便其监护人向保育所或儿童保育设施提交了入所申请，但因保育所数量不足，或者达到可接纳的人数上限等原因而无法入所接受保育，处于排队等待入所（待机）状态的儿童。

目前[1]日本人的平均寿命是女性87岁，男性81岁；1950年的平均寿命为女性61岁，男性58岁，相比可以看出，目前[2]日本人可以说是相当长寿了。总人口的减少，导致了劳动人口的减少，以及GDP（国内生产总值）的缩小。

而且，老年人占总人口的比例越大，社会保障所需的成本就越高。

随着老年人数量的增加，退休金的领取期间就会变长，在职一代的养老保险征缴收入用以支付已退休一代的养老金支出（现收现付制）的现行养老金制度，会把过去的公积金耗尽，在不久的将来会产生养老金枯竭的现象令人担忧。因此，养老金开始领取的年龄必须从现行的65岁延迟到70岁或73岁，同时领取的金额也应该要相应减少。高龄者的增加也直接地关系到日本医疗费的支出。2017年度医疗费支出突破了42兆日元。不仅是医疗和养老金，诸如介护和生活保障等社会保障费用也整体增加了，今后日本民众的负担也将进一步增加。

---

[1] 译者注：截至2018年12月20日原著出版时的数据。
[2] 译者注：同上。

主要国家老龄化比例的对比

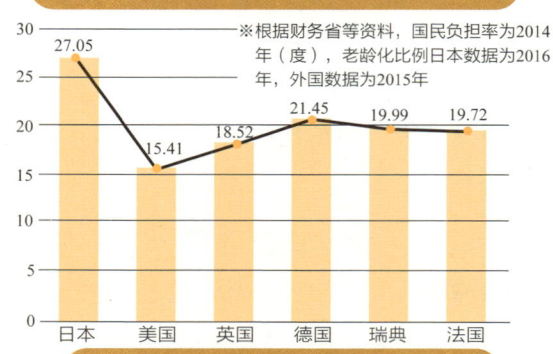

※根据财务省等资料，国民负担率为2014年（度），老龄化比例日本数据为2016年，外国数据为2015年

- 日本：27.05
- 美国：15.41
- 英国：18.52
- 德国：21.45
- 瑞典：19.99
- 法国：19.72

日本老龄化社会的实际情况

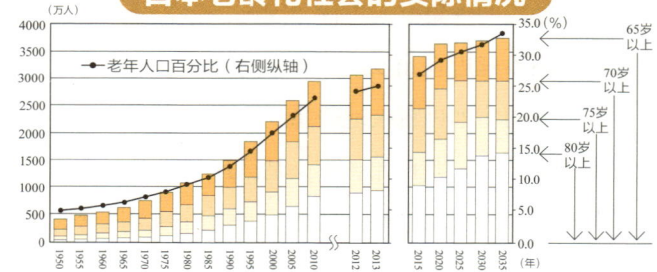

- 老年人口百分比（右侧纵轴）
- 65岁以上
- 70岁以上
- 75岁以上
- 80岁以上

资料来源：1950年至2010年的"国家税收调查"，2012年和2013年的"人口估计"，2015年以后，"日本的未来估计人口（2012年1月估计）"的出生（中位）和死亡（中位）估计。
（国家社会保障与人口问题研究所）制作
注：2012年和2013年截止到9月15日，其他年份截止到10月1日
资料来源：总务省统计局资料

日本人虽然拥有可以长寿的大环境，然而现实是"长寿等于幸福"的命题并非总是成立。

经济小常识

2018年度的养老金、医疗、福利等社会保障福利的支出总计为121.3万亿日元，由于少子高龄化的进一步加剧，预计到2025年度，支出将增加至140兆日元，2040年度将达到188兆～190兆日元。

3 老龄化社会中需要关注的问题"老后破产"

在日本经济持续高速发展的20世纪70年代中期,家庭储蓄率(储蓄占实际到手收入的比例)曾一度超过了20%。

但是,如今的家庭储蓄率只有1%~2%,也就是说存钱这件事情变得越来越难了。

据2017年的家计调查显示,2人以上的家庭平均储蓄额为1812万日元,但是中央值(按储蓄金额顺序排列的中间金额)仅为1074万日元。另外,如果从不同年龄层来看,无论哪个年龄层都有大概3成是无储蓄家庭。

另外,家计调查也显示,65岁以上的老年夫妇两人的家庭,每月大约需要27万日元,而且这个数字只能勉强度日。如果想要偶尔下饭馆或者偶尔享受下旅行之类的稍微宽裕点的生活,那么每月大约需要37万日元。

65岁以上老年人领取的企业养老金平均额是19万日元,这个额度对于每月至少需要27万日元来勉强度日的家庭而言，每个月大约有8万日元的缺口；而如果要达到每月37万日元的稍宽裕的生活，这个缺口会增大到约18万日元。

也就是说，如果仅仅靠养老金，一个两位老夫妇的家庭，其生活会很艰苦，所以必须有足够的储蓄或者其他收入来弥补不足的部分。对于一对夫妇从退休的65岁至85岁的20年来说，如果每月有8万日元的缺口，那么20年就需要1920万日元；如果每月有18万日元的缺口，那么20年则需要4320万日元。

这也是为什么说夫妇2人如果想要实现在65岁以后保持正常的生活，那么需要3000万日元或者5000万日元存款的理由。当然这个数字的前提条件是丈夫有加入公司的企业年金。

如果是个体经营者，所加入的是需要以终生有收入为前提的基本养老保险，所以即使夫妇2人分别缴满40年养老保险，退休后每个人最多也只能拿到约6.5万日元。这个金额是相当少的，这也是为什么在164万个领取生活保障的家庭中，大约有一半是65岁以上的老年人家庭。

家庭储蓄率的年度变化

年代	储蓄率
1960年代平均	15.52
1970年代平均	20.41
1980年代平均	15.81
1990年代平均	10.76
2000	6.3
2001	2.8
2002	3.5
2003	2.6
2004	1.7
2005	0.9
2006	1.4
2007	0.3
2008	1.5
2009	2.6
2010	2.5
2011	2.2
2012	0.9
2013	▲1.3
2014	0.15
2015	1.04
2016	2.04

每4个人中就有1个是65岁以上，且2013年储蓄率已然是负数！

（源自内阁府资料）

65岁以上老年夫妇的家庭收支情况

必要的生活费

家庭收支约27万日元（26万8907日元）

| 伙食费 25% | 非消费性支出（税保险费等）11% | 交际费 12% | 教养娱乐费 11% | 交通通讯费 11% | 水电煤气费 9% | 住房费用 7% | 保健医疗费 6% |

家务用品费 4%
服装费 3%
其他 1%

企业养老金：平均领取额约19万日元（19万800日元）

缺口约为 8万日元

勉强度日的生活！如果想要过上相对宽裕点的生活，可能还需要另加10万日元！

- 存款支出　6万1560日元
- 其他收入　1万6547日元

每个月8万日元的缺口 ＝ 一年96万日元的缺口　10年需要960万日元，20年需要1920万日元，30年需要2880万日元！

经济小常识

如果是领取生活保障的对象，除了可以免除健康保险费和介护保险费之外，医疗费实质上也是不需要支付的。此外，如果是在东京都的话还可以享受免费坐都营巴士、都营地铁，并且不用交NHK的电视费，这样算下来相当于一年收入了220万日元。

4 安倍经济学有多成功？

安倍经济学是第二次安倍内阁（始于2012年12月）提出的经济政策。

日本在经历了90年代泡沫经济崩溃后的金融危机后，进入"失去的20年"这样长期的经济停滞。特别是90年代后半期以来，日本陷入了长期的通货紧缩，如果无法从这种情况中摆脱出来，所谓经济复苏也只不过是镜花水月。

第二次安倍内阁为了摆脱长期以来的通货紧缩，以及达到名义经济增长率3%的目标，推行了以"大胆的金融政策""灵活的财政政策""唤起民间投资的成长战略"这三支箭为主轴的安倍经济学。

但是，实际效果给人印象深刻的也仅仅是，通过"大胆的金融政策"（日本银行的大规模货币宽松），将日元从1美元兑70日元左右的高位，贬值到1美元兑110日元左右，这的确为出口型大企业做出了贡献。然而，即使持续了五年的宽松货币政策，日本银行仍未达到2%的通胀率目标。不仅如此，日本银行负利率的副作用也开始逐渐在金融机构里显现出来。日银从金融市场进行国债买入，即使增加了基础货币的供给（日银的货币供给量），也并没有实现货币存量（经济整体的货币供给量）的增加。

确实，安倍政权通过日本银行的ETF（交易所交易基金）买入，以及公共资金（年金）投入来推高股价，并且同时减少法人税等，持续地提供了以大企业为中心的支援。大企业也创造了史无前例的利润，内部保留资金在2017年度末膨胀到了446兆日元。这个结果便意味着，安倍经济学是一项优先考虑大公司的经济政策，并没能达到让广大国民的收入都增加的效果。这与安倍首相[1]所说的"经济良性循环"相去甚远，甚至反而应该更为担心的是这样的经济政策所带来的后遗症。

---

[1] 译者注：2018年10月20日原著出版时，日本首相为安倍晋三。现任首相为岸田文雄。下同。

日本通货膨胀率的变化

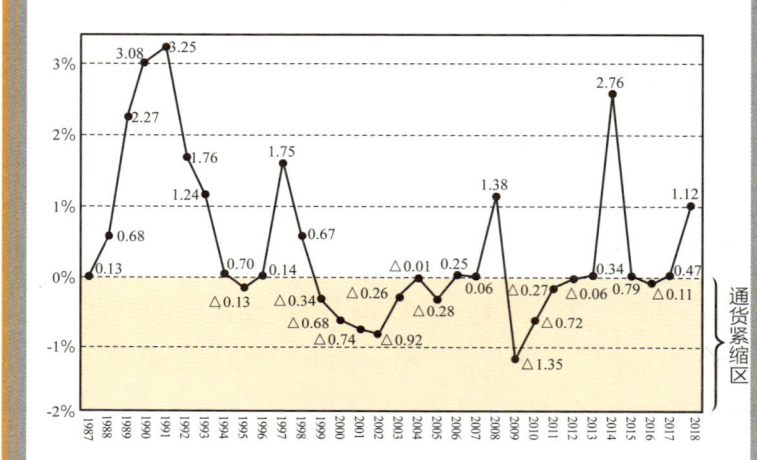

年份	数值
1987	0.13
1988	0.68
1989	2.27
1990	3.08
1991	3.25
1992	1.76
1993	1.24
1994	0.70
1995	△0.13
1996	0.14
1997	1.75
1998	0.67
1999	△0.34
2000	△0.68
2001	△0.74
2002	△0.92
2003	△0.26
2004	△0.01
2005	△0.28
2006	0.25
2007	0.06
2008	1.38
2009	△1.35
2010	△0.72
2011	△0.27
2012	△0.06
2013	0.34
2014	2.76
2015	0.79
2016	△0.11
2017	0.47
2018	1.12

通货紧缩区

货币基础的推移

（大规模货币宽松政策之前）
2013年3月 135兆日元
↓
2018年4月 492兆日元（3.64倍）

货币存量的推移

2013年3月 M3　1152兆日元
↓
2018年4月 M3　1331兆日元
（1.16倍）

经济小常识

安倍经济学被称为是优待大企业的政策。这么说的原因是有人指出其最终目的是达到涓滴效应，即"如果让富人富有了，那么财富最终将向下渗透到穷人的手中"。

5 为什么消费税率会不停地上涨？

苦于长期财政赤字的日本政府于1989年4月导入了3%的消费税（其中1%是地方消费税），并于1997年4月将税率提高到了5%，然后从2014年4月起将税率提高至8%（其中1.7%为地方消费税）。在经过了两次延期后，最终于2019年10月起将税率提高至10%。

消费税也被称为增值税，与个人所得税和法人所得税不同，它并不是收入越多税率越高的累进税制。因此，也有人指出，消费税对于低收入人群而言负担是比较沉重的，是一种逆进性[1]的不公平税收。

日本在1989年首次导入了3%的消费税，在次年的1990年，税收达到了历史最高点的60兆日元，但是事实上从那之后直到今天[2]为

---

[1] 译者注：各自朝相反的方向前进的倾向。如果消费税率上升，低收入者与其收入相对的食品等生活必需品购买费用的比例会变高，与高收入者相比，税负担率会变大。

[2] 译者注：指的是作者原著写作时点。原著出版时间为2018年12月20日。

止，日本的税收再也没有超过这个税收额，一直在止步不前。

虽然导入了消费税，但税收额仍未能超过1990年的水平，其原因除了经济不景气所导致的税收减少之外，与个人所得税以及法人所得税税率的下调也有关系。至于法人所得税，在全世界都在下调的大环境下，日本别无选择，只能效仿。但是，为了弥补这部分的差额而提高消费税率，只会变相地成为对高收入者和大公司的优惠政策。

在高增值税的北欧各国，医疗费和大学的学费都是免费的，社会保障体制很完善，所以虽然是高税率税制，但国民的认可度也很高。

就日本而言，在大幅度提升消费税率之前，本应该严格审查社会保障部分的费用并彻底削减开支，但是财政纪律却仍然持续保持松弛怠慢。日本每次提高消费税税率，都会进入一个消费放缓、然后拖累经济、最终减少税收这样愚蠢的循环当中。

日本税收的变化

（兆日元） （兆日元）

- 一般会计税收计（左轴）: 60.1, 51.9, 50.7, 49.1, 41.5, 56.3, 59.1
- 个人所得税（右轴）: 26.0, 18.4, 19.5, 18.8, 15.6, 13.0, 17.8, 19.0
- 法人所得税（右轴）: 13.7, 11.7, 13.3, 10.0, 9.0, 10.8, 12.2
- 消费税（右轴）: 4.6, 5.8, 9.8, 10.6, 17.4, 17.6

1990　1995　2000　2005　2010　2015　2018（年度）
（根据财务省资料作成）

> 消费税提高到10%会对日本经济产生怎样的影响呢？我们不能否认消费行动可能会因此放缓，并且最终会给整个经济带来负面影响的可能性。

经济小常识

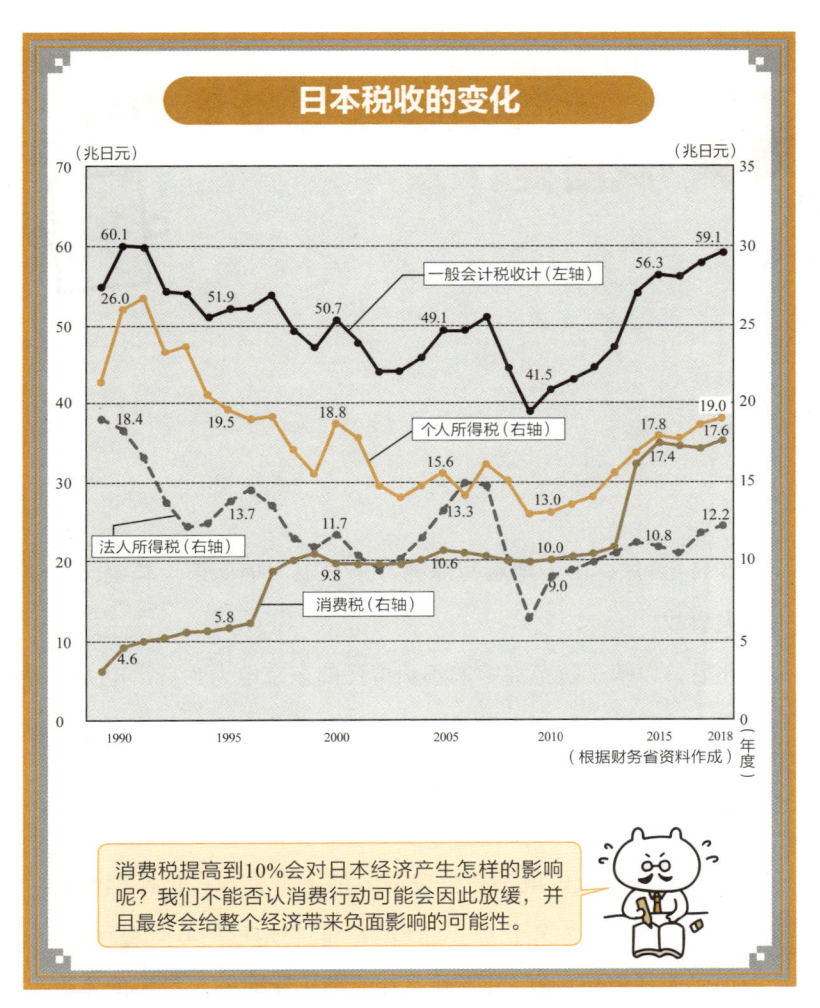

> 将消费税税率从8%提高到10%时，对食品等有施行减轻税率的方案。在饭店吃饭适用的消费税是10%，打包带回去的消费税维持在8%，但即便如此，与欧洲的轻减税率相比，8%的税率也还是太高了。

6 "核电站事故"带来的致命威胁是什么？

2011年3月，由于地震和海啸，东京电力福岛第一核电站发生了重大事故。

此后，以疏于防范海啸的不负责任的东京电力为首，电力业界为了阻止"零核电"而推动重启核电站。政府也重新制定了安全标准，转向"核电站的重新启动"。

安倍首相在IOC（国际奥委会）大会上表示，福岛是安全的。但是流入福岛第一核电站核反应堆的地下水，现在仍持续受到污染，储存污染水的水箱正在不断增加。面临退役的4座核反应堆，其废炉作业耗资超过8兆日元并且耗时数十年时间。危险的不仅仅是核反应堆和污染水。全国54座核电站的核反应堆相关建筑的上部都有用于保存使用完毕核燃料的储存池。数以千计的未使用和使用过的核燃料在此进行冷却和储存。在福岛核电站事故中，储存池在短时间内丧失了冷却电源，陷入了非常危险的状态。对于有崩坏危险的部分也进行了紧急的混凝土加固。这种使用过的核燃料是极度危险的，如果无法保证持续数年间将其冷却在循环水池中，一旦暴露在空气中，就会发热并产生核裂变反应，从而导致熔毁，这将是最致命的危险。使用过的核燃料，在充分冷却后，会在青森县的名为六所村的再处理工厂将其加工成新的核燃料，但是这个计划目前还没有落实。

　　日本是一个经常发生火山、地震、海啸的国家。不仅是核反应堆事故，如果使用完毕的核燃料储存池发生崩塌，大范围的土地就会受到污染，将会变得无法居住。可想而知，东京也不会例外。所以应该做的是，下定决心执行"零核电"政策刻不容缓，并尽早研究处理核垃圾的方法。

核电站的现状

○符号	△符号	□符号	V符号	×符号
重新启动	设置变更许可	新限制基准审查中	未申请	废炉
＜9座＞	＜6座＞	＜12座＞	＜10座＞	＜23座＞

柏崎刈羽核电站
（V＝1座□＝1座）

志贺核电站
（V＝1座□1座）

敦贺发电站
（×＝1座□＝1座）

美浜发电站
（×＝2座△＝1座）

大饭发电站
（×＝2座○＝2座）

高滨发电站
（△＝2座○＝2座）

岛根核电站
（×＝1座□＝2座）

泊发电站（□＝3座）

大间核电站
（□＝1座）

东通核电站
（□＝1座
V＝1座）

女川核电站
（×＝1座
□＝1座
V＝1座）

福岛第一核电站
（×＝6座）

福岛第二核电站
（×＝4座）

东海第二发电站
（×＝1座△＝1座）

浜冈核电站
（×＝2座□2座V＝1座）

伊方发电站（×＝2座○＝1座）

川内核电站
（○＝2座）

玄海核电站
（×＝1座V＝1座○＝2座）

※截至2018年11月7日

生活小便签

福岛第一核电站的污染水，在除去一定的放射性物质后被储存在污水箱中。持续增加的污染水当中残留着氚，目前，希望将污染水排放到大海的日本政府以及东京电力公司与当地渔业协会正在持续对立之中。

7 "工作方式改革"的内容和问题点

安倍首相为了实现"一亿总活跃社会"的目标,提出了诸如"工作方式改革"之类的听起来不错的口号,以试图推进劳动制度的改革。

设定加班时间的上限限制,纠正长时间劳动的现状,推行同一劳动执行同一工资标准以改善非正规雇佣劳动者的待遇等,这些都是很好的课题。

纠正长时间劳动的现状,促进工作与生活的平衡,可以提高日本的劳动生产率,毕竟在35个OECD(经济发展组织)成员国中,日本的劳动生产率是非常低的。

但日本劳动生产率低的原因除了工作时间长以外,与强迫加班工作的雇佣方、提倡优质产品服务,以及近乎极致的关怀接待礼仪等日本独有的加拉帕戈斯现象[1]也有很大的关系。

劳动生产率是GDP除以劳动者数得出的数值，所以日本的低劳动生产率也意味着低失业率。因为失业率越高，生产率就越高。

对于原本工资水平就低的劳动者来说，削减加班费就会影响他们的生活。但如果不赚加班费而是把工作带回家做，那么可能就会变成强迫加班。

在这样的现状下，非正规雇佣劳动者达到全体劳动者的4成。其中近7%是派遣员工。

可以说，真正应该注意到的是一律进行违法操作的剥削派遣员工3～4成工资的派遣公司，这样的公司才真正应该被要求改善员工待遇，甚至派遣行业本身都应该被取缔。安倍首相真正的目标应该是大企业管理者所期望的裁量劳动制的普及吧。导入零加班费且不受劳动时间制约的高度专业职位的工作制度，才应该是其原本的真实目的。

---

[1] 译者注：参考加拉帕戈斯化（ガラパゴス化、Galapagosization）一词，该词是日本的商业用语，指在孤立的环境（日本市场）下，独自进行"最适化"，而丧失和区域外的互换性，面对来自外部（外国）适应性（泛用性）和生存能力（低价格）高的品种（制品、技术），最终陷入被淘汰的危险，以进化论的加拉帕戈斯群岛生态系作为警语。（源自百度百科）

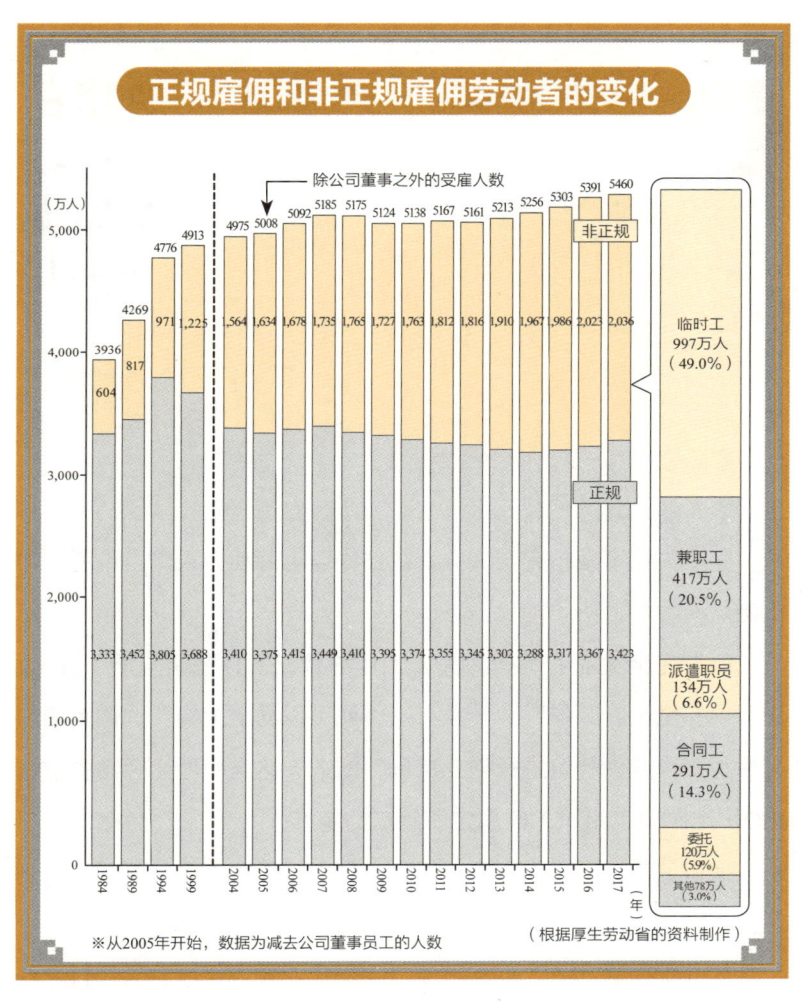

正规雇佣和非正规雇佣劳动者的变化

（万人）

除公司董事之外的受雇人数

年	1984	1989	1994	1999	2004	2005	2006	2007	2008	2009	2010	2011	2012	2013	2014	2015	2016	2017
合计	3936	4269	4776	4913	4975	5008	5092	5185	5175	5124	5138	5167	5161	5213	5256	5303	5391	5460
非正规	604	817	971	1,225	1,564	1,634	1,678	1,735	1,765	1,727	1,763	1,812	1,816	1,910	1,967	1,986	2,023	2,036
正规	3,333	3,452	3,805	3,688	3,410	3,375	3,415	3,449	3,410	3,395	3,374	3,355	3,345	3,302	3,288	3,317	3,367	3,423

构成：
- 临时工 997万人（49.0%）
- 兼职工 417万人（20.5%）
- 派遣职员 134万人（6.6%）
- 合同工 291万人（14.3%）
- 委托 120万人（5.9%）
- 其他 78万人（3.0%）

※从2005年开始，数据为减去公司董事员工的人数

（根据厚生劳动省的资料制作）

经济小常识

根据劳动政策研究与培训组织机构发布的"2018年国际劳工数据比较手册"，在将日本的工资购买力计为100的情况下，德国为176，法国为141，美国为126，这些国家的实际工资远高于日本。

8 日本的失业率及其反映出的内容是什么？

完全失业率是指完全失业者在15岁以上劳动力人口当中所占的比例。

所谓完全失业者是指"失去工作的状况下，在调查周（月末1周）内完全没有工作""一旦有工作就可以马上上岗""调查周内开始找工作或者开始进行创业准备"的人。这是由厚生劳动省依据ILO（国际劳工组织）的规定所制定的基准。

换句话说，有工作意愿和能力，但由于经济不景气而无法找到工作，被称为"非自愿的失业"。另外，即使失业了，但并没有进行具体的求职活动的人也不被视为完全失业者，这被称为"自愿的失业"。无论经济好坏，都存在"自愿的失业"，并且永远不会为零，这叫作自然失业率。

一般而言失业率问题只考虑前者的"非自愿失业"。"非自愿失业"占劳动力全体的比率被称为"完全失业率"，"非自愿失业"为零的情况被称为完全雇佣。

　　失业产生的原因主要被认为是经济不景气,但是也受到人口集中以及经济活动频繁的大城市与人口过少的地方城市之间的差距所造成的地域性,以及技术革新导致的机械化而变得不需要人手的产业构造变化等的影响。

　　日本自2008年9月金融危机以来,2009年、2010年的完全失业率达到5%,2012年以后一直下降,到2018年降至2.87%。

　　安倍经济学的日元贬值效果导致的出口产业复苏,以及伴随着人口减少而急剧减少的劳动力人口是完全失业率下降的主要原因,但与之相对应的问题是工资上涨幅度不足。

生产年龄人口和总人口的变化

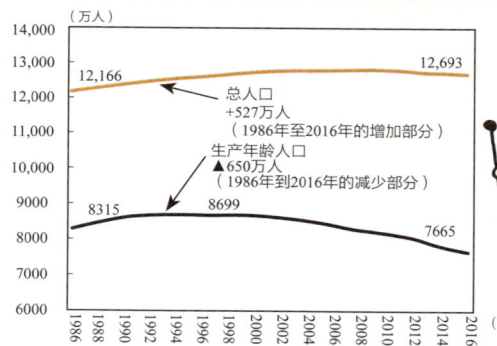

（万人）

- 总人口 +527万人（1986年至2016年的增加部分）：12,166 → 12,693
- 生产年龄人口 ▲650万人（1986年到2016年的减少部分）：8315 → 8699 → 7665

（1986～2016年）
（根据总务部的资料制作）

完全失业率和有效招聘倍率的变化

年　度	完全失业率（%）	有效招聘倍率（倍）
2002年	5.4	0.54
2003年	5.3	0.64
2004年	4.7	0.83
2005年	4.4	0.95
2006年	4.1	1.06
2007年	3.9	1.04
2008年	4.0	0.88
2009年	5.1	0.47
2010年	5.1	0.52
2011年	4.6	0.65
2012年	4.3	0.80
2013年	4.0	0.93
2014年	3.6	1.09
2015年	3.4	1.20
2016年	3.1	1.36
2017年	2.8	1.50

资料来源：完全失业率来自"劳动力调查结果"（总务部统计局），有效招聘倍率来自厚生劳动省的"一般就业介绍状况"。
（根据总务部的资料创建）

完全失业率似乎有所改善，但实际情况是……

经济小常识

日本是一个罕见的同时拥有低经济增长率和低失业率的国家。原因是生产年龄人口中求职者的数量正在减少的同时，由于人口的老龄化，对介护人员的需求却正在急速扩大。

9 为什么说日本的政治是怠慢及愚蠢的呢？

让我们也来看看与经济相关的国政吧。

日本的国会议员有707人（众议院465人、参议院242人），其中每4人就有1人是世袭议员。

如果仅从众议院来看，每3人中就有1人是世袭。就自民党而言，有4成是世袭，说句玩笑话，如果随便扔一块石头，那么大概率事件会砸中一位世袭议员。这里所说的世袭议员的定义是指议员本人及其配偶的直系三代亲属内有国会议员、地方议员、地方首长等情况。日本世袭议员的比率之高，在世界范围内都是首屈一指的。

这种情况同样体现在地方议员上，地方议员中的世袭议员也占很大的比例。

但不能说世袭议员就是一无是处。毕竟这些议员已经是经过选举这一筛选过程后得出来的最佳人选了。日本人非常喜欢世袭。比起不知名的候选人，日本选民肯定更倾向于把选票投给那些与当地有名的议员有着相同姓氏或相似面孔的世袭候选人。

但是，如果世袭议员不断增加，容易产生的负面影响则是，真正有能力的人在选举过程中无法脱颖而出。

对选举而言，从很早以前开始，"地盘（后援团体组织等）""招牌（在当地的知名度）""财力（资金力=世袭议员可以无税继承政治资金团体的资金）"这三驾马车都很重要，也正是由于这3个因素的驱动使得世袭议员更容易当选。此外，现任议员即使认为自己的儿子没有做议员的才能和资质，但也会想要把其变成自己的后继者，原因正是议员职位比较吃香。

如果成为国会议员，那么成为国会议员的一瞬间就意味着政治权力、高额报酬和高待遇均握在手中。并且世袭议员，可以享受来自父辈的恩荫，在党内也会更早地出人头地。

世袭议员最关心的是家族繁荣以及家族继承。相比起国家和国民来说，家族的传承更为重要。比起公约，可能更容易屈服于政治献金，也就更有可能把我们的生活带偏。

国会议员就是这样的待遇！

国会议员的报酬以及收入（年度）

来自国家的现金收入	工资的年收入	1561万日元
	期末津贴	635万日元
	文件通信交通住宿费	1200万日元
	立法机关经费	780万日元
	经由政党发放的政党补助金（份额）	最低1000万日元

→ 每年超过5000万日元

国民每人250日元的税费，每年约为320亿日元。平均分配到每名议员身上，每年大约为4400万日元。1995年导入的企业团体捐赠制度，本来应该被废除，但直到现在还在运行着。

其他收入	政治捐款（团体·个人）
	企业的董事报酬
	不动产收入、股票等的分红
	政治捐款（团体·个人）

其他的实物供应	议员会馆事务所的房租、电话、水电费→免费
	位于赤坂等市中心黄金地段的议员宿舍房租 → 超便宜（赤坂3LDK82㎡只需8.4万日元）
	海外视察旅行费（个别支付）
	JR全线的贵宾席以及其他私营地铁等免费乘坐
	回老家的往返机票（每年免费提供四次）
	国民年金（不再发放新的名额，但如果连续工作10年的情况下，那么每月最低水平为29万日元起步，并且是终身支付）

支付给议员下属员工的工资	公设秘书（第一秘书、第二秘书）2名+政策秘书1名，3名秘书每年共计支付工资2400万日元	→ 民众的请愿处理（居中调停）和选举活动（面向当地）为主

世袭议员在选举中更容易胜出的有利理由

- **地盘** ← 当地的后援会、支援团体
- **招牌** ← 父母和亲属的知名度
- **财力** ← 父母和亲属的政治资金管理团体

因为可以原封不动地继承这些，所以在选举中会变得很有优势。本来剩余的政治资金应该归还国库的，但在不需要交继承税的情况下被世袭议员继承了下来。

经济小常识

"懒惰者的天堂"中的地方议会议员也是如此。都道府县议会的议员平均年收入约为2000万日元（议会每年大约有90天），市议会议员的年收入约为850万日元（议会每年大约有80天），镇村议员的平均年收入为450万日元（议会每年大约有40天）。

10 奥运会之后，日本经济将何去何从？

2020年夏季奥运会和残奥会将会在东京举行[1]。日本的经济将会何去何从呢？根据日本银行2015年12月发布的《2020年东京奥运会的经济效果》报告，预计随着奥运会的临近，建设投资和赴日消费等方面蓬勃发展，预计2015至2018年的实际GDP增长率将提升至0.2%～0.3%。但在奥运会之后必定会出现反向下滑，经济下行是过去以来的惯例。可是在日本，由于奥运会前夕的2019年消费税率提高而导致的经济下滑，很可能会使日本成为第一个在举办奥运会之前经济就出现衰退的国家。通常，奥运会举办国在奥运会举办之前，经济都会一直蓬勃发展。比如，2000年的悉尼奥运会，2004年的雅典奥运会，2008年的北京奥运会，2012年的伦敦奥运会，以及2016年的里约热内卢奥运会，都是如此。

---

[1] 译者注：目前已推迟至2021年。

但是，当奥运会举办过后，经济都出现了下滑。顺便提一下，日本银行的报告显示，在2020年奥运会举办当年的名义GDP将增长8兆日元，占GDP的1.4%。从GDP贡献率来看，奥运会的经济效果几乎没有多少。

相比1964年东京奥运会，与当时接近10%的估算GDP贡献率相比，就显得太低了。

反而是在奥运会之前，由于消费税率的提高以及世界经济走向的调整改变，有陷入经济萧条之深渊的可能。美中之间的贸易战争也看不到结局。到2025年，第一次婴儿潮时代出生的人（1947—1949年出生的800万人）都将超过75岁，并且人口比例中四分之一的人将会是超高龄者，因此社会保障供求之间的平衡将会被打破。这会使日本陷入危机之中。考虑到日本的将来，其实现在根本就顾不上举办奥运会。

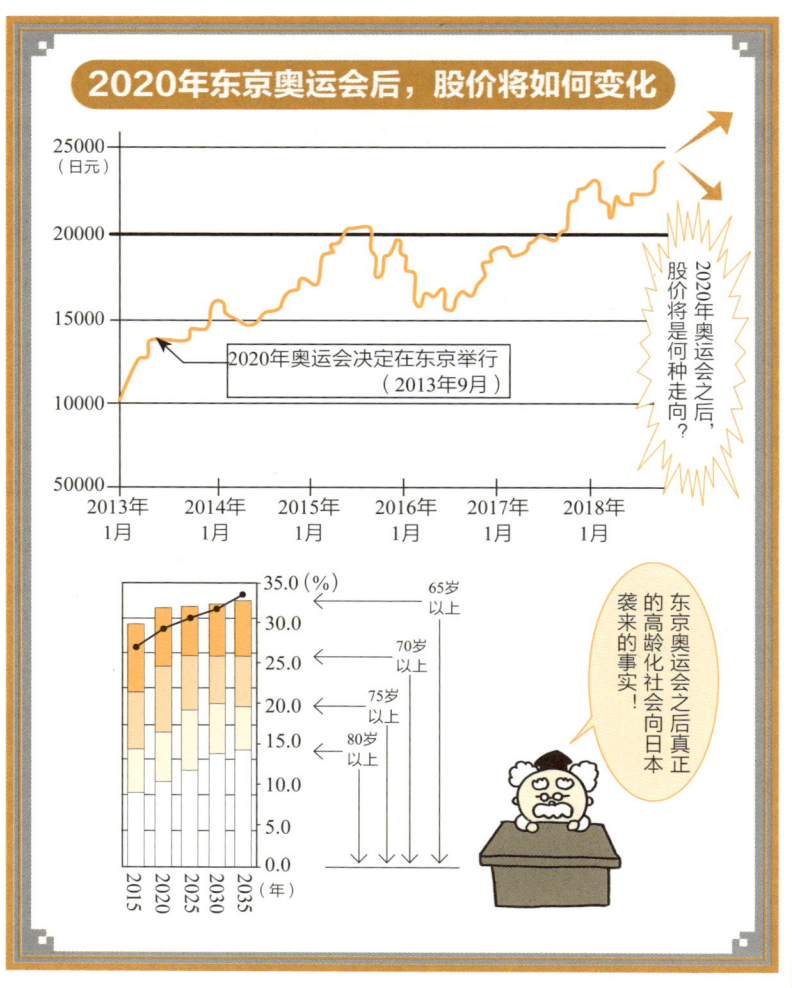

2020年东京奥运会后，股价将如何变化

图中标注：
- 2020年奥运会决定在东京举行（2013年9月）
- 2020年奥运会之后，股价将是何种走向？
- 东京奥运会之后真正的高龄化社会向日本袭来的事实！

下方柱状图标注：65岁以上、70岁以上、75岁以上、80岁以上（2015—2035年）

经济小常识

最初，东京奥运会的费用估计为1兆3500亿日元，然而现在预计已经超过了3兆日元。因为奥运会这块大蛋糕吸引了各种的魑魅魍魉，所以原来的预算里就不断增加了很多根本没必要的烧钱项目。

忍不住想要分享的关于经济的玄机 ⑤
非营利组织法人却可以赚钱吗？

NPO（Non Profit Organization）是指非营利组织。类似的名称还有NGO（Non Governmental Organization民间非政府组织），这是在海外进行国际合作的组织，在非营利性、非政府性这一方面，两者可以算是同义词。原本承担社会公益是政府的职责，但政府需要做到公平、公正。而在价值观多样化、社会更复杂化的今天，高效且精细的公益事业被不断需要。因此，于1998年12月开始实施的NPO法（特定非营利活动促进法），赋予了17个活动领域的非营利组织与企业一样的法人资格，促使其能继续开展公益事业（现在增加到20个活动领域）。虽然不是以营利为目的，但是得到的业务收入可以给员工分配工资（董事的报酬限于董事总数额的三分之一以下），相比业务收入，大部分的NPO组织更依赖于捐款和补助金。此外，和股份制有限公司不同的是，即便实现获利也不能进行利润分配，只能将资金用于下一个活动。

另外，营利业务的会计处理会与非营利活动的会计处理区分开来，另外还需要缴纳法人税。一般情况下大家一听到"我们公司是NPO组织，并不以营利为目的"，就会下意识地认为NPO法人怎么可以赚钱呢？容易误以为NPO是志愿者团体。但是，如上所述，被称为NPO的仅仅是一个团体，一个具有任意性的团体，这个团体在开设银行账户时，也只能以代表人的名义进行开户，进行不动产登记等也是一样。一般说到非营利团体，很多人会联想到一些其他的社团法人和财团法人，但是这些社团法人和财团法人在设立之初，其财政基础会有很多限制。因此，正是具有法人属性的NPO法人才能轻松地开展各种广泛的活动。顺便提一下，具有很高公益性的NPO法人中，也有接受过国税厅认证的"认证NPO法人"。

如果成为认证NPO法人，对于捐赠金可以享受税额扣除，所以会更容易收集捐款，并且同时可以实现事业活动的税率减免。截至2018年8月，从都道府县或所属厅获得认证的NPO法人有51770个，由国税厅认证的NPO法人有1088个。

> 也有成为NPO法人后从事贫困生意，将理事长报酬最大化，实现盈利为目的的例子。

《NPO法》规定的20项特定非营利活动

① 旨在促进保健、医疗或福祉的活动
② 促进社会教育的活动
③ 促进城镇发展的活动
④ 振兴观光旅游业的活动
⑤ 振兴农村、山村、渔村或者中间农业地区以及山间农业地区的活动
⑥ 促进科学、文化、艺术或体育的活动
⑦ 环境保护活动
⑧ 灾害救援活动
⑨ 地域安全活动
⑩ 保护人权或促进和平的活动
⑪ 国际合作活动
⑫ 促进形成男性女性共同参与社会的活动
⑬ 促进儿童健康成长的活动
⑭ 促进信息化社会发展活动
⑮ 促进科学技术的活动
⑯ 振兴经济的活动
⑰ 支援职业能力开发或扩大就业机会的活动
⑱ 保护消费者的活动
⑲ 针对开展上述各项活动的团体,进行运营、活动建议以及咨询或援助的活动
⑳ 在都道府县或指定城市的相关条例中,与上述所列各项活动相类似的活动

小专栏 ⑤

商品价格决定的玄机

在经济学中，物品和服务的价格是根据市场需求和供给的关系来决定的。以需求方的家庭和供给方的企业为例，对于需求方的家庭来说能够便宜地买到所需东西是再好不过的。因此，东西的价格越高，购买的意愿就越低。对于供给方的企业来说则是东西的价格卖得越高越赚钱，进而越想增加生产量，但是如果增加生产，不久产品就会过剩，购买的人也会逐渐减少，这时就不得不降低价格并减少生产量。如果将这种供需关系以需求曲线和供应曲线表示，则可得出两条曲线相交处的均衡点。

这个均衡点便是双方都能接受的合理的市场价格。顺便解释一下，商品大致有三种：由于收入的增加或商品价格的下降，导致需求增加的宝石或毛皮等高等商品；即使收入增加或者价格下降，需求也不会增加的香皂、牙刷、毛巾、卫生纸等中等商品；随着收入的增加，需求反而会减少的发泡酒、烧酒、豆芽等劣等商品。

后记 带着"再也不会被骗了"的信念去行动

非常感谢您陪我一起来到这本书的最后。

关于"经济",虽然也知道一些,但也有很多不知道的——如果有这样想法的人变得越来越少,那就再好不过了。

这个世界上充满了各种巧妙的欺诈的计谋。

因为他们提供的各种各样的便利性让你放松警惕。

如果有从本书中获得一些关于"经济"的见解,我希望您可以在日常生活中使用它。

金钱经常被比作"人体"的血液。

因为金钱在社会上不停地流动周转的时候,它与血液一样,是一个健康体,可以活跃经济,促使经济处于良好运行的状态。

但是,在日本,金钱是滞留状态。

在极少数的地方,虽然金钱在不停地转来转去很是活跃,但是在我们身边,大概不怎么能听到经济相关的好消息吧。因为和过去的高度增长期不同，日本已经不再快速增长了。

虽说失业率低，劳动力短缺，但工资却不上涨。

日本被称为成熟经济体，是真的吗？

贫富差距扩大，陷入贫困的人在不断增加，这才是日本的实际情况。

今后，在奥运会和残奥会的盛宴之后，可能会出现前所未有的经济衰退。

贫困的人越多，经济就越转不起来。

政府正在努力向更多从事单纯劳动的外国人打开大门。

然而日本劳动者的工资无法上涨的罪魁祸首就是通货紧缩政策。

经济不增长，这样或那样的"矛盾"就会出现。

基于本书中提供的一些拙见，我希望您带着"我不会再被骗了"的信念去行动。否则，您的生活将永远不会富裕起来。

正是处于工资不涨的当下，才更需要能够实现长寿的智慧。

希望您能以本书为基础，通过理性的选择来开拓自己的人生。

衷心祝福您的日常生活以及漫长的人生都有荣光。

神树兵辅